LITERATURA BIBLICA
REFLEXIVA

Roberto Rengifo Levy

LITERATURA BÍBLICA REFLEXIVA

Roberto Rengifo Levy

Las citas bíblicas están tomadas de la traducción Reina Valera revisión de 1960 mientras no se especifique otra.

Título: *"Literatura bíblica reflexiva"*.

Autor: **Roberto Rengifo Levy**
E-mail: **amazonrobertorengifo@gmail.com**

Editora: **Sarai Fernández Rodríguez**
E-mail: **edicionessarai@gmail.com**

ISBN: 9798334547612

Ni cantautor de salmos, ni virtuoso de la lira.
Yo solo escribo loas conforme al corazón de Dios.

Roberto Rengifo Levy

DEDICATORIA

Con infinita contentura de alma favorecida,
ofrendo a mi Dios la primicia del talento que me confió.
Porque de Él proceden todas las cosas, y de lo recibido de su
mano le doy.

Roberto Rengifo Levy

CONSIDERACIÓN Y AGRADECIMIENTO

El cariz escriturístico de este material literario testimonia mi consciente gratitud al Padre Celestial. Firme cimiento de mi creciente fe, y dador de toda gracia.

Debo también, mi expreso agradecimiento, al apoyo entusiasta de mi amada familia y al inestimable respaldo de todas aquellas personas que, con sus oportunas voces de ánimo, terminaron por despertar al don de letras que en mí se había quedado dormido.

Roberto Rengifo Levy

PRÓLOGO

Los poemas que encontrarás a continuación ofrecen una exploración profunda y emotiva de temas universales como el dolor, la pérdida y la esperanza, expresados tanto en verso como en prosa. Cada texto está imbuido de una intensidad poética que busca capturar no solo la belleza del lenguaje, sino también las complejidades del alma humana frente a las vicisitudes de la vida.

En los poemas en prosa, el autor utiliza la libertad del formato para tejer narrativas vívidas y detalladas, donde cada palabra está meticulosamente elegida para evocar imágenes y emociones palpables. Desde la descripción de eventos impactantes hasta la introspección profunda, cada párrafo invita al lector a sumergirse en la experiencia sensorial y emocional que ofrece.

Por otro lado, los poemas en verso adoptan ritmos y estructuras que añaden musicalidad y cadencia al discurso poético. Aquí, la rima y la métrica se entrelazan con la profundidad del contenido, creando un efecto lírico que amplifica el impacto de cada línea. A través de estos versos, el autor explora no solo el sufrimiento humano, sino también la búsqueda de redención y la esperanza que surge incluso en los momentos más oscuros.

En conjunto, estos poemas representan una obra que no solo busca conmover y provocar reflexión, sino también ofrecer consuelo y entendimiento a través de la belleza del arte poético. Invito al lector a adentrarse en este viaje emocional, donde cada página revela una nueva capa de significado y revelación sobre la condición humana.

Sarai Fernández (la editora)

"Una vez leí que hay libros que ordenan la mente y el alma; y esta valiosa compilación de reflexiones bíblicas, matizadas con poesía, revive la experiencia de meditar, de manera amena e instructiva, en la Palabra de Dios. Léala, y le animará a mantenerse en la senda de la rectitud".

Mayra Luz Morales, MPA
Directora de "Bible House"
Bersheba - Israel

"En esta sublime obra, el autor nos revela que, en los momentos de penumbra y tribulación, hallamos consuelo y propósito al someternos a la gracia divina, la cual actúa como un rayo de esperanza en medio de la tormenta. A través de sus poemas, nos muestra que, incluso en el corazón del sufrimiento y el dolor más profundo, se abre un camino luminoso hacia la paz y la redención, una senda que es iluminada por la fe en el Señor Jesucristo. Esta obra no solo invita a la reflexión sobre la naturaleza del sufrimiento humano, sino que también celebra la transformadora potencia de la fe y la gracia divina, ofreciendo un mensaje de esperanza y renovación espiritual que resuena con poder y profundidad".

José Manuel Sierra
Pastor del Centro Evangélico Vida Nueva
Tenerife – España

"No solo el cuerpo debe alimentarse; el alma también necesita nutrirse. En estas páginas, el lector podrá encontrar muchas semillas deseosas de un suelo fértil".

Cora Merimna Panaifo Romero
Licenciada en Historia
Encargada del Archivo de la Dirección de Derecho de
Autor del Indecopi
Lima - Perú

"En este libro, el autor ha dejado que su alma se comunique con el mundo. Ha transgredido los nefastos cánones de la mentira y ha plasmado verdades eternas que deben seguir comunicándose para que puedan ser entendidas a cabalidad.

En cierta parte del libro, el autor se pregunta sobre qué es mejor, si la sabiduría o la santidad; y la respuesta, que ha estado escrita por siglos, pero que no había sido aceptada, vuelve a contestarle a la humanidad que aun con 'su' sabiduría, Salomón quebrantó preceptos estipulados por Dios.

El alma, ente que no se ve, se ha hecho visible pureza y santidad en estas historias que trascenderán la normalidad de la vida cotidiana".

José Antonio Contreras
Licenciado en Derecho y Ciencias Políticas
Presidente del Instituto Cultural Iberoamericano
Madrid – España

A MODO DE ACLARACIÓN

Distinguido leyente:

No pretenderé sugerir que este ligero ejemplar sea el producto de mis propias dotes de escritor. Esta discreta obra es, más bien, la sustancia resultante de mis tiempos de intimidad con mi Salvador, que, haciendo uso de su santa soberanía, puso a operar en mí la habilidad poética de una subsistencia ajena a mi naturaleza, llamada don.

De modo que el lenguaje florido y las galas retóricas expuestos a lo largo de los textos no obedecen al dictado de alguna vanidosa voluntad de hombre, ni persiguen, en ningún caso, alcanzar algún reconocimiento literario del mundo.

Y si el frontispicio de este modesto opúsculo lleva estampados mi nombre y rúbrica, es por mera formalidad. Pues no deseo reputarme a mí mismo, arrogándome el honor de la obra, ya que es mérito ajeno. Yo solo fui el amanuense, cuya tinta y pluma le cayeron del cielo; mas el hablante lírico y verdadero artífice es el Espíritu de Dios.

Roberto Rengifo Levy

AUTENTICIDAD

No soy literato de reputados **honores**.

Soy un nimio diletante en el arte de la **escritura**.

Mi mente poco entiende de rimas, y sus **pormenores**.

Pues no fui instruido en letras, ni en pulida **cultura**.

No codicio la prosa de refinados **autores**.

Lo mío es poesía llana y **pura**.

Y si cambiara mi estilo, por el de los **señores**,

condenaría mi pluma a la oscura **sepultura**.

ÍNDICE

PRIMERA PARTE: PROSA

SEGUNDA PARTE: VERSO

SUGERENCIA

Apreciado lector:

Es de especial interés para el autor que, al leer los textos, no se deje pasar un término, figura retórica o dato que no haya sido entendido. Esto menguará el propósito reflexivo de los escritos, y la lectura perderá parte importante de su esencia.

Es por ello que esta obra comprende un glosario de términos, a efectos de brindarle una herramienta de referencia, ágil y oportuna.

No quepa duda de que usted es una persona de habla culta y de buen entendimiento; pero aun el más versado en la ciencia del lenguaje recurre eventualmente a alguna fuente de consulta o al diccionario cuando le es menester.

Roberto Rengifo Levy

PRIMERA PARTE: PROSA

1. RENDIDO A SU MAJESTAD

¡No! Hoy no versaré sobre amantes idílicos de finitos amores. Hoy, más bien, he de volcar mis mejores arrestos creativos a enaltecer la benignidad de un atípico amante, cuya majestuosa personalidad y peculiar manera de amar expone las insuficiencias de mi mesocrática prosa.

No obstante, debo ser cauto. Porque oí decir a un predicador que el tal amante, que ama con amor infinito, es rey en un reino que no es de este mundo. Y que lleva por nombres: Admirable Consejero, Dios Fuerte, Padre Eterno, Príncipe de Paz, entre muchos otros.

Amigo, escucha con oído atento lo que voy a confesar. No caeré en el gravoso error de la presunción. Y no importa ya lo que hayan de decir.

Poetizar tan gloriosa excelsitud exige de un lenguaje angelical que ignoro. El solo pensamiento de su grandeza jibariza mis nobles artes; y entiendo que, ante Él, no soy más que un liróforo tardo de manidas palabras; un mendicante de las letras; un escribidor en decadencia que acusa grande indigencia literaria.

Sin embargo, has de saber que mi sueño más caro y mi anhelo más dulce es poder escribir versos a mi amado Salvador, el Señor Jesús…, por siempre.

"TUYA ES, OH JEHOVÁ, LA MAGNIFICENCIA Y EL PODER, LA GLORIA, LA VICTORIA Y EL HONOR" (1 CR 29:11).

2. DON

Talento, bendita gracia que del cielo vienes; ¿cómo es que en unos, espontáneo te muestras, y en otros simplemente te escondes? Tus diversas destrezas operan prodigios, y temprano encumbran a aquellos que, por fortuna, gozan de tus abiertos favores.

Quizás el Soberano del firmamento, queriendo exhibir sus habilidades de gran creador, dotó a algunas de sus criaturas de tus más singulares atributos, para mostrar en ellas las exquisiteces de su refinado ingenio, a fin de recibir reconocimiento, honra y honor que le fueron negados.

Mas los menos favorecidos te buscamos con afán, y muchos no logramos dar contigo.

Pero a veces sucede que, sin haber sido yo instruido en las artes de Cervantes, inexplicablemente le escribo delicadas loas al Autor del amor. ¿Será que eres tú?

Bendito don que llegaste a mí dormido; qué bueno que despertaste en un día en que escribía a mi Señor.

"SI TU GRACIA TE ES ESQUIVA, SOMÉTETE AL DADOR DE GRACIA, Y ÉL TE LA MOSTRARÁ. Y SI TU GRACIA FUERA EVIDENTE, CON MAYOR RAZÓN, SOMÉTETE A ÉL".

3. RENACIDO

Si un día malo fui, ya no lo sé. Porque he dejado atrás al ser que era. Mas ahora soy lo que soy, y así seré. Cantor de eufónicos salmos y orador de jaculatorias encendidas, para honra de aquel que hizo nacer el mundo del vientre de la no existencia.

No guardo más memoria de mi sórdido pasado, porque este, que me justificó, lo envió tan lejos al olvido, allí donde no lo alcanza el recuerdo.

Si antaño mi sáxeo corazón se ablandaba ante el mal, no importa ya.

Si en mi estado irredento gocé del dulce amargor de la malicia, no importa ya. Porque el Consolador que provocó en mí la necesidad de Dios me hizo ver que el gozo en el espíritu es un gozo de orden superior.

"ESCRITO ESTÁ, QUE EL SEÑOR SEPULTARÁ
NUESTRAS INIQUIDADES, Y ECHARÁ EN LO
PROFUNDO DEL MAR TODOS NUESTROS PECADOS.
Y QUE NUNCA MÁS SE ACORDARÁ DE ELLOS"
(MIQ 7:19 RVA).

4. HARTAZGO

Cuando el hastío de mí mismo hubo alcanzado su nivel más decadente, suplicante pregunté: ¿Dónde reposas, felicidad?
He apostado a encontrarte y he perdido. Yo creí que tu sustancia yacía oculta en los estériles deleites sensoriales. ¡Mas no! La emotividad meliflua de esos placeres me ha confundido, y las habituales alegrías libertinas, que sedan el dolor por un instante, como espejismos se han desvanecido. ¿Es que tal vez huyes de mí?
¡Ay!, envanecida materia mortal, ¿cómo habías de buscar oro en el estercolero?
Si tan siquiera hubiera hecho oídos al apacible silbido del célico amante de mi alma, habría aprendido, ¡oh, felicidad!, que no estás en el viento, terremoto o fuego, sino en la mansa, serena y mesurada paz. Aquella, únicamente provista por el Obrador de milagros de Nazaret.

"LA PAZ OS DEJO, MI PAZ OS DOY; YO NO OS LA DOY COMO EL MUNDO LA DA. NO SE TURBE VUESTRO CORAZÓN, NI TENGA MIEDO" (JN 14:27).

5. INCONSISTENCIA HUMANA

Amado Jesús:

Creyendo estar firme, dije como Pedro: "¡No te negaré!". Mas callando, en mi mutismo te niego.

Te niego cuando desestimo tus inerrantes consejos.

Te niego cuando sobre tu sagrado altar ofrezco fuego extraño.

Te niego cuando, por falta de temor pío, permito que el diablo me engría. Y entonces vengo a ser tan felón como aquel Iscariote que prostituyó el ósculo santo.

Si Pedro te negó tres veces, yo te he negado mil. Y el canto acusador de los gallos hace que llore mi merecida desventura.

Sí, es cierto que yo escribo de ti. Pero cuando lo hago, tengo la sensación de que, muy convenientemente, oculto mi rostro tras las letras; y esa también es una forma de negarte. Porque mi valor, sin ti, mi Señor, no es mejor que mi cobardía.

Pero hoy, asido de tu diestra, dejaré la tibieza de Laodicea. No quiero ser más ese discípulo que, cubierto con una sábana, de lejos te sigue.

Saldré pues, valerosamente de mi escondrijo, y sin aliento reprimido hablaré de tu alta doctrina. Mas si el don del habla no me favorece, seguiré escribiendo de ti con sólida pluma, y sin mano temblorosa.

"ASÍ QUE, EL QUE PIENSA ESTAR FIRME,
MIRE QUE NO CAIGA" (1 CO 10:12).

6. PLEGARIA QUE ALCANZA EL CIELO

Buscaba yo el favor de mi Dios y me dije: ¡Le agradaré con impetuosa oración!

Entonces, a gran voz, lancé sonoras preces al azul infinito, invadiendo los dominios del trueno y provocándole a celos... Pero, ¡ay de mí!... El Señor no me oyó.

Y dado mi fracaso, dije: ¿Será que demanda de mí lenguaje elocuente? Raudo entonces acudí y me adentré con sigilo a embeberme de las exclusivas fuentes de la lírica. Y, haciendo uso de talento ajeno, me dirigí al Altísimo en plegaria florida… Pero, ¡ay de mí!... El Señor no me oyó.

Frustrado, añadí música a mi súplica... Pero, ¡ay de mí!... El Señor no me oyó.

Di un mejor orden a las palabras; las articulé armoniosamente... Pero, ¡ay de mí!... El Señor no me oyó.

Entonces, agotadas mis suficiencias, caí de hinojos. Y con copioso llanto, le abrí mi alma rendida y le ofrecí mi corazón. Y sí. Esta vez sí... El Señor sí me oyó.

"AL CORAZÓN CONTRITO Y HUMILLADO NO DESPRECIARÁS TÚ, OH DIOS" (SAL 51:17)

7. GETSEMANÍ

Huerto de la aflicción, tus milenarios olivares me han referido la historia y estoy triste.

Arboleda bendita de dilatada existencia, ¿qué de especial albergabas en la rígida naturaleza de tu ser vegetal para que aquella noche fría el Justo, que no conoció pecado, buscara abrigo bajo la exuberancia de tu fronda? Quizás un corazón de leño que no sabe pecar.

Ciertamente, mi condición de hombre me avergüenza.

Mientras mi Señor bebía del amargo cáliz de la muerte, sus acompañantes, a distancia de tiro de piedra, dormían.

Mientras los olivos le ungían con su llanto de óleo santo, sus acompañantes dormían. Y cuando la Tierra sedienta absorbía su sudoración sangrienta, sus acompañantes dormían. Y entretanto que el cielo le enviaba el ángel del consuelo, sus acompañantes dormían.

El aflictivo aguijón de mi conciencia me consume, porque mientras los elementos y el querube le asistían, sus acompañantes humanos dormían.

"VELAD Y ORAD, PARA QUE NO ENTRÉIS EN TENTACIÓN; EL ESPÍRITU A LA VERDAD ESTÁ DISPUESTO, PERO LA CARNE ES DÉBIL" (MAT 26:41).

8. BETEL

Recostando su cabeza en dura piedra, dispuso Jacob sus ojos al sueño, y vio a Jehová con sus ángeles en onírica visión. Y despertando en mi alma apetencias por contemplarlo, clamé al Dios de mis amores, diciendo: "Señor, yo también quiero verte". Y Él, presto, sanó con barro la ceguera de mi espíritu. Desde entonces puedo verlo, y no necesito de sueños; puedo llegar a Él, y no requiero de escaleras. Su grata presencia me acompaña por doquier, y voy contento por el camino, porque me dice que me ama; porque su charla es florida y amena; porque su promesa es confiable y serena.

Juega conmigo a las escondidas, pero mis ojos pronto lo descubren en las alegres flores y en la diligente hormiga, en la argentada luna y en la inerte roca, en la atmósfera, en el agua, en la luz… ¡Sí! Puedo percibirlo en el silbido apacible y delicado, y en todo lo creado. Él no puede ocultarse de mí. Mas, si quisiese desaparecer, vana sería mi búsqueda, vana su creación.

"¿QUÉ QUIERES QUE TE HAGA?
Y ÉL DIJO: SEÑOR, QUE RECIBA LA VISTA" (LC 18:41).

9. JUBILOSA RENDICIÓN

Yo, pecador, he luchado contra ti, y me has vencido, Galileo. Blandiste la espada del amor, y me rendí ante ella. ¡Qué arma tan magnífica es esa, que no daña y nadie puede resistirla!

Extraño conquistador que mima al caído, y extraño caído que se siente victorioso. ¿Cómo entenderlo?

Sí, derrota victoriosa es la mía. Porque mi benéfico captor me ha concedido la vida y me ha nombrado su heredero.

Admirable Príncipe de Paz, muchos hay que, a sabiendas, son enemigos tuyos, pero también hay de aquellos que, sin advertirlo, lo son, pues te llaman "Señor, Señor", mas tú no los conoces.

¡Oh, Cristo de las mercedes! ¿Qué hacer?

Provéeme de esa amorosa arma tuya, y en tu poderoso nombre traeré más almas rendidas a tus pies.

"MIS OVEJAS OYEN MI VOZ, Y YO LAS CONOZCO,
Y ME SIGUEN, Y YO LES DOY VIDA ETERNA;
Y NO PERECERÁN JAMÁS, NI NADIE LAS ARREBATARÁ
DE MI MANO" (JN 10:27-28)

9. MI HIJO ERES TÚ

Hoy leí el decreto. Hoy celebro que vivo, porque hoy Jehová me ha otorgado su paternidad.

Bebí a tragos del agua gratuita de la vida, y el cielo me espera. Cuando se manifestó a mí con voz queda, me dijo: "Con amor eterno te he amado; por tanto, te prolongué mi misericordia".

Por ello, Señor mío, si acaso llegara a faltarte un David, tómame de sustituto y déjame complacer tu fina naturaleza musical con coplas de tu propio amor.

Y ustedes, amigos, perdonen si mi gran gozo excede el límite de su comprensión. Pero no podría hablar del Dios de mis amores con plática menos efusiva, porque han de saber que yo mucho le amo, porque mucho me perdonó.

"MAS A TODOS LOS QUE LE RECIBIERON, A LOS QUE CREEN EN SU NOMBRE, LES DIO POTESTAD DE SER HECHOS HIJOS DE DIOS" (JN 1:12-13)

11. NEGADOR

¿No hay discernimiento para entender?

Detractor de tórpido cerebro, que admiras la magnificencia del cuadro, pero niegas la existencia del Artista.

Sepa tú que negro, cual túnica de penitente, es el pecado que consume tu alma.

Me pregunto si has de estar siempre en alianza con aquello que te devora.

¡Ay!, bien harías en exponerte ahora a las influencias de la verdad de tu Creador. Pues, siendo así, las fragancias de su santa palabra se impregnarían en tu ser; y todo tú olerías al incienso de su santidad.

"DEJE EL IMPÍO SU CAMINO, Y EL HOMBRE INICUO SUS PENSAMIENTOS, Y VUÉLVASE A JEHOVÁ, EL CUAL TENDRÁ DE ÉL MISERICORDIA, Y AL DIOS NUESTRO, EL CUAL SERÁ AMPLIO EN PERDONAR" (IS 55:7-9).

10. HEREDERO Y COHEREDERO

¡Atención, mundo! ¡Atención, humanidad! ¡Atended al anuncio de amor!

El gran Yo Soy anda en busca de herederos. Alma irredenta, anímate y acude pronto a su benéfico llamado. Si así lo hicieres, sucederá que Él publicará en el cielo el decreto de tu adopción, y serás, como yo, coheredera con Cristo de una herencia de inestimable valía; de un tesoro tal que la mente finita no puede concebir.

Su pródiga generosidad sobrepasa con creces la munificencia de los reyes, porque, a tan solo pedirlo, te dará por herencia las naciones, y como posesión tuya los confines de la Tierra. No obstante, su mejor oferta es tu redención, para que, viviendo en santidad, mores con Él por los siglos de los siglos en la Jerusalén celestial.

Mas debe advertirse que el llamado está reservado solo para aquellos seres afligidos a quienes el Espíritu de Verdad haya convencido de pecado. Los interesados, apresúrense a ceñirse al salvífico Plan de Dios, pues su oferta fenece el día de la muerte. Y si, por ventura, ya eres de la familia del Salvador, haz partícipe de su oferta a otros, pues es voluntad del Testador.

"MAS A TODOS LOS QUE LE RECIBIERON,
A LOS QUE CREEN EN SU NOMBRE, LES DIO
POTESTAD DE SER HECHOS HIJOS DE DIOS" (JN 1:12).

11. OÍ DECIR DE TI

Biblia…, oí de ti que eres habitáculo santo en cuyo cobijo reposa probada verdad.

Oí de ti que haces descender palabra fresca del cielo que argumenta a favor de un amoroso Creador.

Oí de ti que estás llena de aromados salmos, ellos que prodigan embeleso al corazón turbado.

Oí de ti que eres rebosante fuente de sabio proverbio de inalterable vigencia.

Oí de ti que revelas al arrepentido el camino nuevo de salvación.

Oí de ti que Dios me llama.

¡Sí…, heme aquí, mi Señor!

"SUMAMENTE PURA ES TU PALABRA,
Y LA AMA TU SIERVO" (SAL 119:140).

12. EXCELSA PAZ

¡Paz!, ¡paz!, ¡paz!, pregonan los pacificadores por doquier. Y he aquí que dicen: "Ofrecemos paz". ¿Y cómo la dan?, preguntan. "Pues yo la negocio", dice el comerciante. Pronto irrumpe el dictador y dice: "Yo simplemente la impongo". Y a su vez, el potentado espeta: "Yo la condiciono, sin más". ¡Embusteros! No es dádiva de hombres la paz. Dios da su reposo, no al débil, no al fuerte, sino al justo. La paz no es quietud pesarosa, sino deleitable sosiego en completa armonía con el Creador. ¡¡Aleluya!!

"MUCHA PAZ TIENEN LOS QUE AMAN TU LEY,
Y NO HAY PARA ELLOS TROPIEZO" (SAL 119:165).

13. LOS DOS NACIMIENTOS

Al desligarse de la matriz, la criatura naciente reclama el natural sustento. El llanto suplicante que acompaña a sus muchas hambres alega inocencia. Y la justicia divina no demandará de él la muerte eterna, hasta tanto dure su condición de infante. El hombre, mientras viva, ha de nacer a novedad de vida en el espíritu, o sufrirá las infinitas agonías de la muerte segunda. Si su primer nacimiento fue por voluntad ajena, su segundo ha de ser a conciencia propia.

Pero tú, que tienes nombre de que vives, puede que estés muerto. ¿Y cómo lo sabría?, preguntas. Si al comer la carne de Cristo y beber su sangre no has exclamado: "¡Servidme un poco más de ese sabroso alimento! ¡Dadme más del vital flujo carmesí!", puede que estés muerto. Si reconoces su belleza, pero te resistes a enamorarte de él, puede que estés muerto. Si dices: "Soy de Cristo", y aún disfrutas de las mieles de Sodoma, puede que estés muerto. Porque el que vive prefiere agua y legumbres a los banquetes de Babilonia.

Hermano, si tu espíritu muestra inapetencia por Cristo, puede que no lo hayas paladeado lo suficiente. Porque al más probarlo, hay más deleite. Y cuanto más lo saboreas, más exquisito se vuelve.

"LA OBRA DE CADA UNO SE HARÁ MANIFIESTA; PORQUE EL DÍA LA DECLARARÁ, PUES POR EL FUEGO SERÁ REVELADA; Y LA OBRA DE CADA UNO CUAL SEA, EL FUEGO LA PROBARÁ" (1 CO 3:13-16).

14. SIMONÍA

¡Pare de sufrir! ¡Hágase próspero! ¡Sanación! ¡Sanación! ¡Indulgencias por una ofrenda!

Son sagaces ministros del averno, de lengua aterciopelada, que encandilan los oídos de la crédula audiencia con la ornamentación meretricia de sus grandilocuentes discursos.

¡Oh, almas irredentas!, no se dejen confundir. Aquel que es la Verdad nos alerta que ellos pervierten el Evangelio y que son ciegos guías de ciegos. Si persisten en someterse a sus guianzas, juntos caerán irremisiblemente en el hoyo.

Pero, ¡ay!, de ustedes, pregoneros de la muerte, que vierten ponzoña en la fuente donde abrevan los hombres. El Etéreo Magistrado de lo Alto, que ofrece redención del alma por soberana gracia, ya dictó sobre vosotros su justa sentencia.

"¡PROBAD LOS ESPÍRITUS SI SON DE DIOS!" (1 JN 4:1–6).

15. ¡HONRAD AL HIJO!

— ¿Acaso no fue dicho a los de Israel que el Señor mismo les daría una señal sobre mí?

o Bueno. Si tal es el caso, dinos pues, ¿quién eres?

— Soy Jesús, Hijo del Dios Altísimo, el Mesías nacido de joven pura. Aquel a quien ustedes hicieron crucificar.

o ¿Quién da testimonio de tamaña afirmación?

— Mi Padre da testimonio de mí. Él me ha dicho: "Mi hijo eres tú...". Es testigo el profeta David.

o Uno es insuficiente. ¿Hay más testigos?

— Sí, Isaías, el profeta, el que anunció mi nacimiento virginal.

o Pero escrito está que aquel niño había de llamarse Emanuel, y tu nombre no coincide.

— Yo soy Dios y ostento muchos nombres.

o ¡Blasfemas! ¿Quién te ha puesto por Dios sobre nosotros?

— El mismo Dios de su fe. Y pongo al profeta Isaías como testigo.

o   ¡No! No hay dos Dioses. Dios es uno solo.

— Cierto. Mi Padre y yo, uno somos. ¿No es eso ya suficiente?

o   ¡No! No lo es.

— ¿Y si digo que nací en Belén, tal como lo profetizó el profeta Miqueas?

o   Pero si tú eres nazareno.

— No lo soy. Fui a vivir en Nazaret cuando, a la muerte de Herodes, mi Padre me llamó, estando yo en Egipto.

o   ¿Quién lo confirma?

— El profeta Oseas.

o   ¡No! No podrías ser tú el Señor de Israel que saldrá de Belén, ya que quebrantas a voluntad el sábado y no cumples con la ley de Moisés.

— Yo soy Señor del sábado. Y respecto de la ley de Moisés, yo vine a cumplirla para liberarles de su yugo, porque ninguno de ustedes puede cumplirla a plenitud. Y establecí el nuevo pacto prometido por Dios.

o ¿De qué nuevo pacto hablas? No hay tal cosa.

— Sí, la hay. Del nuevo pacto anunciado por el profeta Jeremías.

o Si dices ser el Mesías, ¿por qué entonces no nos libertaste de nuestros enemigos?

— Lo hice. Yo vine a libertarles del enemigo silencioso más mortal, aquel capaz de provocar la muerte del alma: el pecado. Yo di mi vida por causa del hombre. Soy el sacrificio pascual expiatorio.

o Eso lo dices tú.

— Lo dice también el profeta Isaías, que fui herido por las transgresiones de ustedes. Y aunque nunca hice maldad, ni hubo engaño en mi boca, aun así, por amor a su creación, el Padre cargó sobre mí el pecado de toda la humanidad para redimir a los hombres de sus culpas y rescatar así lo que se había perdido. Pueden verlo en las Escrituras. Y si son diligentes, verán también que el profeta Daniel profetizó mi muerte, que el profeta Isaías profetizó mi padecer de comienzo a fin, y que el profeta David profetizó la forma y el escenario de mi muerte.

o Si has muerto, ¿cómo explicas el estar vivo?

— Mi Padre no dejaría mi alma en el Seol. Da fe de ello el profeta David. ¿Son necesarias más evidencias?

o   ¿Acaso las hay?

— Sí, y muchas. Pero, puesto que la lista sería muy larga de mencionar, sugiero que examinen las Escrituras en relación con los acontecimientos de los tiempos. Y encontrarán que hablo verdad. Y si hay real temor de Dios en ustedes, deberán considerar muy en serio la tajante advertencia del profeta David, que reza: "...Sed prudentes y admitid amonestación [...] Honrad al Hijo, para que no se enoje Jehová y perezcáis en el camino; pues se inflama su ira".

"SI ERES JUDÍO, Y AÚN NO HAS CREÍDO, REFLEXIONA SOBRE ESTE MENSAJE. ¡NO TE CIERRES A LA RAZÓN!".

16. HIJO PRÓDIGO

Alma cautiva que, a despecho del maligno, fuiste ungida con los óleos de la redención, quédate serena al abrigo del Altísimo y no hagas lo que yo.

Oí al engañador, y mi ser se infectó del mal de la ingratitud. Él es piedra de tropiezo para los que peregrinan hacia la morada de Dios.

Aférrate, pues, a la Roca de tu salvación y no te sueltes de ella, porque intentará alejarte de la casa de tu Padre para luego zarandearte, tal como a mí.

Sepa tú, hermana mía, que Lucifer es muy astuto, puesto que usa sus argucias según la debilidad del redimido.

En cuanto a mí, presto dispuso de su irresistible harén de risueñas Dalilas. Y, deponiendo yo mi santidad, encandilado sucumbí a sus vacuos encantos.

Así, entre saraos y francachelas, despilfarré mi herencia y padecí hambre. Yo, que me alimentaba con nutrimento de ángeles, terminé alimentándome de algarrobas para cerdos.

Pero hoy, cabizbajo y abatido, regresé a la casa de mi Padre. Y, lejos de legítimas reprimendas paternales, hubo fiesta de reconciliación. Porque dijo: "Este mi hijo muerto era, y ha revivido; se había perdido, y ha sido hallado".

Por eso, preciada alma redimida, no hagas lo que yo.

"SED SOBRIOS, Y VELAD; PORQUE VUESTRO ADVERSARIO EL DIABLO, COMO LEÓN RUGIENTE, ANDA ALREDEDOR BUSCANDO A QUIEN DEVORAR" (1 PE 5:8).

17. O DE CRISTO, O PERDIDO

Mi alma no es mía, y nunca lo fue. De oídas había oído que dos poderes etéreos la reclamaban por posesión.

Antes de abandonarme a Jesús, era pertenencia del crápula avernal que me había convertido en su hogar, cuyo nombre ha de haber sido Legión.

En cambio, mi Señor es un ocupante sereno, cuya estimulante compañía mantiene mi alma saciada del bien y en estado de continuo reposo.

¡Pero ay de ti!, hombre irresoluto que rehúyes a la santidad, puede que ignores que toda la estirpe de Adán infectada de muerte está. Y Aquel que juzga desde los cielos nos imputa culpas.

¡Arrepiéntete ahora!, o pronto podrías estar allí donde la esperanza no pueda encontrarte.

¡Oh!, Cristo de la redención, rocía sobre el contrito pecador una sustantiva dosis de tu sanativo linimento carmesí, y lo sumo de tu creación vivirá para siempre.

"CON CRISTO ESTOY JUNTAMENTE CRUCIFICADO,
Y YA NO VIVO YO, MAS VIVE CRISTO EN MÍ"
(GAL 2:20).

18. REDENCIÓN

Hubo un tiempo en que creía que vivía y estaba muerto. Al igual que el incauto cuervo de la fábula, que soltó el preciado queso de su pico por hacer oídos a las lisonjas del zorro engañador, así dejé escapar mi alma y la perdí.

Mas aquel Magnánimo ser que insufló en mí hálito de vida, habiendo pagado el precio de sangre por ella, me ofreció restituirla. Y le dije: ¡Sí! Gracias, Señor. Pero, siendo yo tan mal guardián de mi alma, le rogué que esta vez Él la cuidara por mí.

"EN DIOS SOLAMENTE ESTÁ ACALLADA MI ALMA;
DE ÉL VIENE MI SALVACIÓN" (SAL 62:1-2).

19. ¡SÁLVAME, QUE PEREZCO!

¡No! No esconderé más mi dolor, pues he aprendido que el consuelo no obra en quien no muestra aflicción.

Predicador de meduloso sermón, tu penetrante plática ha desnudado mi alma, y tengo vergüenza.

En mi anhelo por ser feliz a la manera del mundo, he rehusado ligarme al ligero yugo de Cristo y he fallado.

¡Bendito hijo de David! Tú que me amas con santo amor, ten misericordia de mí y hazme parte de tu apacible rebaño.

Tánatos, la que recluta almas para Apolión, ya me lleva cautivo a las profundidades del Seol. No tardes, mi Señor, que me estoy hundiendo. ¡Extiéndeme tu mano salvadora y líbrame pronto de sus negras amarras! ¿No ves que ya soy de ti?

"AL QUE A MÍ VIENE, YO NO LE ECHO FUERA" (JN 6:37).
"¡HOMBRE DE POCA FE! ¿POR QUÉ DUDASTE?"
(MAT 14:31).

20. SALVO SOY

Si Dios no fuera calmo, con toda justicia estaría muerto.

Yo fui heredero del mal, y en el paroxismo de mi angustia, miré al Santo de la cruz con los ojos del que implora, y alcancé consuelo para mi alma en el día de dolores.

Y en razón de mi alborozo, al igual que a María en Betania, me impelió un acuciante deseo de dejarlo todo y sentarme a los pies del Eterno, quien temporalmente hubo de condescender a la muerte para procurarme vida.

Por tanto, el morir ya no será para mí el fin de la causa que ahora amo.

La obra redentora del Anciano de Días libró mi cerviz del insufrible yugo del guarda negro del mal, y hoy vivo de su caridad.

**"JEHOVÁ SERÁ REFUGIO DEL POBRE,
REFUGIO PARA EL TIEMPO DE ANGUSTIA" (SAL 9:9).**

21. SANTIDAD

Añoro el sueño que soñar quisiera. Pero soy soñador de sueños sin alma, anodinos, vanos.

Muchas veces, desde mi renacer, he imaginado soñar que mi Señor me habla en sueños y me dice:

— ¿Qué deseas, siervo fiel?

o ¡Santidad, Señor! ¡Santidad!

— ¿No quisieras sabiduría?

o No, Señor, no.

   He visto que la sabiduría sin santidad es corrompible y perecedera. Salomón, siendo sabio, transigió con la degradación.

   Yo deseo, mi Señor, trascender los linderos de este mundo con las alas blancas de la santidad. Y cuando esté ya ausente del estorboso cuerpo, se diga de mí que morí la muerte de los rectos.

— Entonces hágase en ti conforme has pedido, santo varón.

   ¿Qué otra cosa demandas de mí, hijo mío?

o ¡Santidad, Señor! ¡Más santidad!

— ¡Amén!

"SERÉIS SANTOS PORQUE YO,
JEHOVÁ VUESTRO DIOS, SANTO SOY" (LEV 11:44).

22. JEHOVÁ Y MI CASA

Cuán firme y seguro es el hogar que se construye bajo las instrucciones del mismísimo arquitecto que diseñó los cielos y la Tierra.

Los obreros sujetos a Él no habremos trabajado en vano. De hecho, puedo decir que lo que edificó para mí es, en gran medida, deleitable.

Lo digo por si alguien quisiera considerar confiarle la construcción o una remodelación de su hogar.

Sus servicios son gratuitos.

"SI JEHOVÁ NO EDIFICARE LA CASA, EN VANO TRABAJAN LOS QUE LA EDIFICAN" (SAL 127:1).

23. UN POCO DE ALIVIO

Estoy cansado, y Tú, mi Dios, lo sabes.

Mi ser marchito harto está de halar la piedra de molino.

Día a día, yo tomo el camino que me vuelve al mismo punto de partida.

Puede que, por blasfemo, me hayas entregado a Satanás, y éste, al parecer, me ha impuesto el castigo de Sísifo.

Condúceme, oh Señor, a encontrar algún remanso de vivificantes aguas en el hostil desierto de esta Canaán que me sabe a Egipto. No sea que, de tanto padecer, las cortinas negras del desaliento terminen por eclipsar el sol de mi esperanza.

Concédeme, Padre amado, un pequeño anticipo de mi herencia divina, y gozaré de un tiempo de cielo acá en la Tierra.

Ven a darme una visita de amor y trae contigo una porción de leche y miel para mí. Esto no alterará el orden de tu creación, pero sí hará que los que hoy te niegan puedan ver las maravillas que me esperan.

"¿CUÁNTAS INIQUIDADES Y PECADOS TENGO YO?
HAZME ENTENDER MI TRANSGRESIÓN Y MI PECADO"
(JOB 13:23).

24. CONNUBIO CELESTIAL

Iglesia, es el nombre que mi Bienamado eligió para mí.

Desde que ascendió al cielo empíreo, donde mora, no he dejado de leer los sonetos floridos que me dedicó.

Y a pesar del tiempo, sus mil y un "te amo" siempre me suenan frescos y novedosos.

"Voy a preparar un hogar para ti", me dijo antes de partir. Y yo le espero.

He de sentirme honrada, cual María de Belén, porque el Hacedor de prodigios, Aquel que es magnífico en santidad y merecedor de infinitas aleluyas, se fijó en mí.

Mas cuando mi alma se inquieta por la espera, leo sus cartas. Y entre más las leo, más lo conozco; y entre más lo conozco, más deseo conocerlo. Estoy ansiosa y ya no quiero escuchar sonido alguno que no sea su tierna voz.

¡Pero, un momento! Creo haber visto, por ahí, una invitación.

¡Oh, sí! Gocémonos y alegrémonos, pues el cielo anuncia que han llegado las bodas del Cordero; y las invitaciones, que han sido escritas del puño y letra de mi amado, a tu alcance están. Por favor, coge una y ven a cenar conmigo. No has de querer perderte tan mayestático acontecimiento, que es de vida.

Yo he de ir a vestirme de lino fino, limpio y resplandeciente, porque debo estar preparada para cuando le oiga decir: "Vamos a tu casa, mi dulce amada".

"BIENAVENTURADOS LOS QUE SON LLAMADOS A LA CENA DE LAS BODAS DEL CORDERO" (AP 19:19).

25. CONCIENCIA CRISTIANA

Desde algún arcano rincón, donde mora el ser que soy, se alza una imponente voz que pretende regir sobre mí. Serena ella, y siempre vigilante, cuestiona mis yerros con tosco acento, y responde a mis aciertos con mezquino silencio.

No obstante, algunas veces, cuando la razón se vuelve incómoda ante la seductora insinuación del pecado, tremulante, procuro acállar su preventiva voz. Y ella no calla. He oído decir que es la voz de mi conciencia, mas a mí me resulta ajena.

Es una subsistencia abstracta, un ser etéreo, un ente del cual no fui advertido. ¿Será que es el Paráclito? ¿O ha de ser el ángel de la guarda en su noble misión?

¡Oh, conciencia, vamos! Dime quién eres y por qué me observas con apasionado celo. A lo mejor cuidas en mí la tenue fragancia de cierto vestigio de honor que mi materia ignora. No lo sé.

Pero tú, que señalas con el dedo, has de estar exenta de culpas. Porque hay conciencias oscuras y conciencias que duermen.

Mas, si he de ser sincero, yo en secreto te admiro, porque eres pureza que quisiera alcanzar.

"SI LA VOZ DE LA CONCIENCIA VA EN ARMONÍA CON LA VOZ DE DIOS, ES VOZ DE DIOS".

26. ANHELOSA ESPERA

Aquel que es sin principio de días me dijo una vez: "Me amarás por sobre todas las cosas". Y desde entonces, mi alma está siempre urgida de sus amores; tanto que hoy estoy ligado al Altísimo por un vínculo de amor eterno. Desde que sucumbí a sus galanteos y seductores susurros de amor, expectante espero que cumpla en mí sus gloriosas promesas.

Y aunque me parezca que tarda ya, yo no me inquieto, porque mi Bienamado no es un amante olvidadizo.

Mas, llegado el día cuando entre a la presencia del Todopoderoso, he de fundirme con Él en un gran abrazo de enhorabuena.

Pero mientras tanto espero, te ruego, mi buen Señor, afírmame en tu justicia y nómbrame tu nazareo.

"MAS NUESTRA CIUDADANÍA ESTÁ EN LOS CIELOS,
DE DONDE TAMBIÉN ESPERAMOS AL SALVADOR,
AL SEÑOR JESUCRISTO" (FIL 3:20).

27. AMNISTÍA

¡¡Arrepentíos!! ¡¡Arrepentíos!!, proclama Jesús a los cuatro vientos. ¡Venid a mí, inculpados!... ¡Venid a mí! Abogado de lo Alto soy.

El porfiado infractor oye la sentencia final y se sabe perdido. La indolente parca le respira en la nuca y le dobla un paralizante pánico. ¡¡¡Perdón!!! ¡¡¡Perdón!!!

Vana es la súplica y vano el lloro.

¿Acaso no se oyó el anuncio?

Sí, Señor. Sí.

¡Venid a mí! ¡Venid a mí!, los aún no sentenciados. Defensor de oficio soy... defensor de oficio soy.

"SI OYEREIS HOY SU VOZ,
NO ENDUREZCÁIS VUESTROS CORAZONES"
(HEB 3:15).

28. EL ETERNO ME AGUARDA

No por siempre ha de asediarme el mal, porque un día del mañana no seré contado entre los vivientes de la Tierra, y el mundo declarará mi inexistencia.

Se dirá de mí que morí. Pero la muerte únicamente habrá logrado librarme de la decadente criatura de arcilla, que fría e inerte, en temporal sepultura quedará.

Mas mi ser intangible, mi inextinguible esencia etérea, no bajará con ella al abismo, porque la falsaria serpiente antigua no impera más sobre mí.

Y llegado ese instante capital de mi vida, cuando oiga al Sufriente de la cruz decir: "De cierto te digo que hoy estarás conmigo en el paraíso", me elevaré cual fragancia de santo incienso aromático, elaborado según el fino arte del perfumador, en ofrenda viva, de olor grato a Jehová, y gozoso iré a unir mi voz al cántico de Moisés en el coro de los justos, y a contemplar la fulgente gloria del cielo en el bellísimo semblante de mi Señor.

"PERO DIOS REDIMIRÁ MI VIDA DEL PODER DEL SEOL, PORQUE ÉL ME TOMARÁ CONSIGO" (SAL 49:15).

29. ALEGRANZA SEDATIVA[1]

¡De súbito!, la invasiva peste develó su presencia. Y, haciendo del condescendiente viento su más oportuno cómplice, montaba sobre él y esparcía con desenfreno su funesta naturaleza mortal sobre la desvalida humanidad de los hombres.

¡¡¡Huid!!! ¡¡¡Huid!!! ¡No! ¿¡Cómo huir del viento!?

Los indecibles ayes del alma se proyectan sombríos a través de desbordantes miradas que acusan gran espanto. ¿Habrá quién socorra? Por ventura, sí. Pero el iluminado médico que dio con la poción curativa, distraído por el júbilo de su sanación, echó al olvido la aciaga suerte de sus congéneres.

"LA PESTE DEL PECADO ES MORTAL.
¡COMPARTAMOS EL EVANGELIO SANADOR!".

---

[1] El poema anterior está inspirado en la pandemia del COVID-19, un evento global que desató una crisis sanitaria sin precedentes. La "invasiva peste" representa el virus que se esparció rápidamente, llevando consigo una "funesta naturaleza mortal" que afectó a millones de personas. La imagen del "viento" como cómplice del mal refleja cómo el virus se diseminó a través del aire, haciendo difícil su escape. Los "indecibles ayes del alma" y las miradas de espanto evocan el temor y el sufrimiento generalizado. El poema también hace alusión a la esperanza de sanación a través de los esfuerzos de los médicos, aunque su olvido de la situación crítica de otros refleja la complejidad y el desafío de manejar una crisis de tal magnitud.

30. GENUINA FE

Padre Eterno:

Soy campesino de campo ajeno, y escasa de viandas está mi mesa. Al ir presuroso hacia Ti, he tropezado en el camino, y mi llegada a la repartición de Tus bondades fue quizás tardía. Los muchos Jobs que me han aventajado han dejado exigua mi ración; y Tú me has dicho que no has visto a justo desamparado. Pero yo tengo hambre, y mi descendencia mendiga pan.

Sabes, por vivencia propia, que la condición de sufriente pobre aflige el vientre, y el ayuno involuntario en nada aprovecha. Con férvidas aleluyas y odas musicales te enaltezco cada día, y Tú estás como no habido. Si breve es este Tu abandono, ya es largo mi padecer. Tal vez me estás enseñando a ser pobre para luego hacerme heredar Tus riquezas. No lo sé. Pero sí sé que después de beber del depurativo ajenjo de la pobreza, mi buena porción llegará. Porque si dura es mi prueba, más abundante es mi fe.

"MI DIOS, PUES, SUPLIRÁ TODO LO QUE OS FALTA CONFORME A SUS RIQUEZAS EN GLORIA EN CRISTO JESÚS" (FIL 4:19).

31. ENNIÑECER[2]

Quisiera despertar un día con el alma enniñecida.

Desearía transmutar mi viejo ser en un tierno ser de ánima ligera y musical, como la de un niño.

Si tal cosa aconteciere, volvería yo a gozar de un corazón enseñable y podría amar sin vanidades.

Provechosa es la sabiduría que dota al sabio de inocencia, porque el hombre que desee alcanzar el reino de los cielos ha de primero alcanzar la candidez de un crío.

Y siendo esta la condición para entrar en tu reposo, ¡oh, Santísimo, ayúdame a enniñecer!

"DE CIERTO OS DIGO, QUE SI NO OS VOLVÉIS Y OS HACÉIS COMO NIÑOS, NO ENTRARÉIS EN EL REINO DE LOS CIELOS" (MAT 18:3).

---

[2] El término "enniñecer" es un uso excepcional del autor, elegido deliberadamente por su fonética evocadora. Aunque "enniñecida" no es una palabra reconocida formalmente en el idioma español, se ha creado para transmitir una sensación de inocencia y pureza con una resonancia que resulta más armónica y poética al oído. El autor ha buscado un efecto sonoro que sugiera la transformación en una esencia infantil, similar a la de un niño, y "enniñecida" cumple este propósito al resonar con mayor musicalidad en el contexto del poema.

32. RESTAURADO A MI TIERRA

Soy de la casa de Israel, pero nací en la dispersión bajo techo de pobre, un proceloso día de Adar, víspera del Shabat. Soy el rebrote tardío de un errabundo judío nacido lejos de Jerusalén. Pesan sobre mi conciencia hebrea las añejas culpas de Anás y Caifás, pues vine a ser la prolongación genética de un linaje sacerdotal deicida.

Hermanos, cuánto hubiera deseado dotar a mi testimonio de una tonalidad diferente, pero, para oprobio de Melquisedec, yo también fui un levita crucifixor del que ahora es mi Cristo.

"A LO SUYO VINO, Y LOS SUYOS NO LE RECIBIERON. MAS A TODOS LOS QUE LE RECIBIERON, A LOS QUE CREEN EN SU NOMBRE, LES DIO POTESTAD DE SER HECHOS HIJOS DE DIOS" (JN 1:11-12).

33. COMPUNCIÓN

Drogado por los opiáceos de la ignorancia y la incredulidad, desoí, por desdicha, a la voz de Aquel que clama en el desierto. Y su evangelio vino a ser para mí olor de muerte para muerte. Estoy cargado de culpas y lleno de ayes.

El aguijón del pecado me ha asestado su estocada mortal, y he aquí que rendido acudo a Jehová en busca de su sanativo bálsamo de Galaad. Y, como asunto de emergencia que es, pronto ha de llevarme a los pies de su amoroso Hijo.

Entonces sucederá que, escuchando yo su pregón, haré mías sus promesas, y su evangelio será para mí olor de vida para vida.

"BUSCAD A JEHOVÁ MIENTRAS PUEDA SER HALLADO, LLAMADLE EN TANTO QUE ESTÁ CERCANO" (IS 55:6).

34. APETENCIA DEL EVANGELIO

Cuando le oí decir: "¡Despiértate tú que duermes!", me incorporé en el acto, y mi espíritu, vuelto a la vida, tuvo hambre. Entonces, el piadoso Betlemita, autor del milagro, mandó que se me diese de comer. Y así, por un tiempo, la rudimentaria leche de su doctrina fue el alimento que sustentó mi renacido ser.

Mas ahora he crecido, y siempre que tengo hambre, busco en su nutritiva palabra las odoríferas suculencias y exquisiteces de una sólida pitanza espiritual. Usualmente, alimenta a su pueblo con sermones de espaldilla de cordero y gruesos tuétanos; con sermones de jugosos manjares y vinos purificados. Pero en ocasiones Él nos convida un sermón de pan y pescado, o de pan y carne. Y en lugar de fino vino, sacia nuestra sed con agua del arroyo de Querit.

Nunca su mesa está escasamente surtida, y toda palabra en ella servida es igualmente un vigoroso reconstituyente. ¡Vengan, hermanos, y alimentemos nuestros espíritus! Porque la fe que come es fe viva.

"NO SOLO DE PAN VIVIRÁ EL HOMBRE, SINO DE TODA PALABRA QUE SALE DE LA BOCA DE DIOS" (MAT 4:4).

35. INTEGRIDAD DEL JUSTO

Hay sermones sustanciosos que se predican con tórrida elocuencia y que encantan.

Hay homilías nutritivas que se exponen con templanza y que deleitan.

Pero también hay alimenticias predicaciones silentes que encandilan. Éstas emanan del recto proceder de los santos; aunque inaudibles, no son para nada soporíferas.

Porque la conducta de un verdadero cristiano es un silencioso sermón… Y de gran impacto.

> "PARA QUE TAMBIÉN LOS QUE NO CREEN
> A LA PALABRA, SEAN GANADOS SIN PALABRA
> POR LA CONDUCTA" (1 PE 3:1-2).

36. ADVERTENCIA DE VIDA

Hombre natural, amicísimo del mal, he aquí que el Salvador está a tu puerta y llama. Conviene que le abras y cenes con él, porque ha ido a ti a tratar un tema que concierne a tu alma. Pero tú dices: "Yo vivo"; sin embargo, no eres más que un cadáver insepulto. Porque es tu cuerpo, oh criatura vana, un almario que alberga un espíritu muerto.

El pecado es láudano que aduerme la conciencia. Por ello, despiértate tú que duermes y acude pronto a su llamado, que él, usando los dones de su munificencia, librará tu alma de la negra mortaja del pecado y te vestirá del pulquérrimo lino fino de su santidad.

¡Anda pronto! No sea que, por causa de tu crasa insensatez, perezcas en la impenitencia y resultes siendo echado en la hoguera de Smithfield del inframundo.

¡Anímate! y apela a su conmiseración, porque no hay un Dios renuente ante un pecador dispuesto.

"VIVO YO, DICE JEHOVÁ EL SEÑOR, QUE NO QUIERO LA MUERTE DEL IMPÍO, SINO QUE SE VUELVA EL IMPÍO DE SU CAMINO, Y QUE VIVA" (EZ 33:11).

37. DÁDIVA DE DIOS

Ante el Altísimo y bajo gravedad de sacro juramento, contraje parentesco con una dama de davídica estirpe. Mas, si ufana les sonara esta mi confesión, no espero, hermanos, humana comprensión.

En un principio, y con mundana altivez, me propuse cautivar su tierno corazón; pero, ¡ay de mí!, arrogante judío errante, la cristiana sencillez de su santa conducta me hizo entender que para poder alcanzarla había uno de gozar de las preferencias del cielo.

Y si ahora se preguntan cómo es que ella accedió a destilar la dulzura de su amor en mi alma renovada, les diré que, con santa intrepidez, hice pacto con Jehová. La oportuna influencia de algún aventajado gen de Jacob me llevó finalmente a oír de su boca un "sí" arrobador con marcado acento galileo.

Refinada muchacha de undoso caminar, deseable hija de Jerusalén, fue la codiciada presea por la cual hube de humillarme para merecerla. ¡Oh, ilusos amantes que en sus afanes por conquistarla fracasaron! ¡Oh, ustedes romanceros ingenuos, carentes de audacia en disputas de amor, han de saber que para aspirar a las caricias de una princesa habrá primero de congraciarse con el Rey!

"DELÉITATE ASIMISMO EN JEHOVÁ, Y ÉL TE CONCEDERÁ LAS PETICIONES DE TU CORAZÓN"
(SAL 37:4).

38. SOÑADO ANHELO

Estoy soñando despierto, y entre los animados escenarios de este estado mental ilusorio, veo a todos los de mi sangre exhalando aleluyas de gratitud en la congregación de los santos.

Qué célico cuadro el que aprecian mis ojos. Nunca antes me había sentido tan familiarmente acompañado en un día de guardar.

En mi soñar, ya no más he de pensar que estaré sin los míos en la morada celestial. Pero, como ven, de momento es solo un sueño.

"PADRE, AQUELLOS QUE ME HAS DADO, QUIERO QUE DONDE YO ESTÉ, TAMBIÉN ELLOS ESTÉN CONMIGO"
(JN 17:24).

39. DIOS Y LAS GUERRAS

Al estallido de la guerra, el fuerte se fía en su poderío, y el débil clama a un hombre: ¡¡¡Ayuda!!! Las guerras tiñen de rojo la historia, y en su pura esencia es odio. Nadie las gana, ni agresor ni agredido, pues sin Dios, pírrica es la victoria del vencedor.

Jehová de los ejércitos, eximio adalid de victorias incomprensibles, que levantas la mano de Moisés y tu pueblo prevalece en la batalla. La estentórea voz de tu garganta debilita al fuerte y fortalece al débil, según tu justicia. Guerrero invicto y dador de paz, ¿no ha de haber milicia ni tropa que desee tu mando?

¡Oh! Si sangraran los que hacen las guerras, pronto suplicarían por tu deseable paz.

"¡CON MI DIOS, EJÉRCITOS DERRIBARÉ!".

40. DE MUERTE A VIDA

Dije sí a mi Señor, y ya no por siempre ha de habitar mi alma en recinto de muerte.

Yo soy la imagen y semejanza del Adán caído, pero amo la santidad que no tengo y detesto el pecado que me asedia. ¡Sí! Odio el pecar.

La naturaleza abyecta del odio se torna justa cuando odia lo aborrecible, y el amor fuera de su esencia tiende a ser dañino.

Yo padezco de punzantes culpas, y en mis delirantes fantasías no las atribuyo a mí, pues niego a mis miembros sorber del deleite que me condena. Pero vano es el esfuerzo que me mantiene virginal por un instante.

Muchas veces, mi tropiezo es una incasta mirada. Otra, ha de ser mi boca, que alentada por el encono deja escapar maldiciente verbo. Y mis oídos también se prestan a oír cantos de sirenas. Si logro controlarlos, la inmundicia se filtra por mi olfato. Y aun mis manos han de desear palpar lo indebido. Ojalá mis miembros me fueran ajenos.

Pero, ¡ay de ti!, cuerpo licencioso, tu tiempo de caducidad llegará, y será para mi alma un acontecimiento feliz.

"¡MISERABLE DE MÍ! ¿QUIÉN ME LIBRARÁ
DE ESTE CUERPO DE MUERTE?" (RO 7:24).

41. DON DE LETRAS

Todos mis pensamientos se traducen en grafemas. Todo para mí es ocasión de escribir. Mis ideas las defino mejor cuando las figuro en letras.

Literato me dirás, pero no.

Yo desconozco la razón por la que escribo, porque de tal cualidad está desprovista mi alma.

Quizá sea la influencia de un don divino que opera en mí.

Sí, puede que el talento que el Señor me encargó usar para bien de su grey sea un mero puñado de letras. Únicamente letras.

**"NO DESCUIDES EL DON QUE POR GRACIA
TE FUE DADO" (1 TI 4:14).**

42. HUMILDAD

— ¿A dónde vas, devoto penitente?

o Ando afanado en pos de la humildad. En mi ansiosa búsqueda ya recorrí fastuosos ambientes palaciegos, salas de honorables cortesanos, espléndidas y ostentosas estructuras de adoración. Mas nada encontré. ¿Dónde la hallaré?

— Está allí donde mora la gloria de Dios.

o ¡Ah! Entonces, subiré al monte de Jehová. Me remontaré a las cumbres de Sion. Siento gran necesidad de ella.

— ¡Oh!, buscador confundido. Debes saber que la humildad, modesta y discreta, es. No suele habitar en las cumbres donde señorea la notoriedad. Allí no la hallarás. Pero yo te daré una pista, y tú entenderás:

"En los caminos del Señor, quien quiera subir, tendrá que bajar".

Ahora que entiendes, no la busques más. Solo baja del pedestal de la arrogancia, y la humildad te hallará a ti.

"APRENDED DE MÍ, QUE SOY MANSO Y HUMILDE DE CORAZÓN" (MAT 11:29 DHH).

43. PREDICADOR SERÁFICO

El ilustre personaje de quien he de referirme no es ajeno a mí. Empezaré diciendo que la sonoridad de su notable nombre, Abel, vuelve mi memoria a los prístinos días de la Creación. Su naturaleza es humana, mas divino su abolengo, pues detenta ciudadanía celestial.

Al igual que lo hizo con el benjamín de Isaí, el Dios que lo inspira quiso también honrarlo. Pero no con los atavíos de un rey, sino con las impolutas vestiduras del sacerdocio, que son al fin el más encumbrado de los honores.

Él pertenece al escogido linaje de suplicantes que apacientan la grey del Señor. Su amor, celo y compromiso en el cumplimiento del sagrado encargo célico son dignos de encomio.

El Todopoderoso, a quien sirve, ya dispuso para él una corona a la justa medida de su cabeza, suntuosa presea que mi amado suegro lucirá en la cena de las bodas del Cordero.

He de estar ahí para verlo.

"OBEDECED A VUESTROS PASTORES,
Y SUJETAOS A ELLOS; PORQUE ELLOS
VELAN POR VUESTRAS ALMAS" (HEB 13:17).

44. VENTUROSA RENDICIÓN

Fui caminante de camino errado, y en el tiempo de mis duras soledades, cansado de tanto amorío doloroso, decidí un día salir en busca de una mujer divina que mi mente había recreado. Y caminando, oí una voz que me decía: "¡Mira!, ella es…", mas yo no la veía. Y así, de tiempo en tiempo, la voz me insistía diciendo: "¡Mira!, ella es". Y pregunté a la voz: "¡¿Por qué no puedo verla?!". Lo divino, con ojos de Dios se ve, respondió. Entonces, rindiéndome a los pies de Dios, al fin pude verla… y la amé.

"HE AQUÍ QUE ASÍ SERÁ BENDECIDO EL HOMBRE QUE TEME A JEHOVÁ" (SAL 128:4).

45. LA HIJA DE JAIRO

Mi hija agonizaba, mi hija se moría. Y yo, un principal de la sinagoga, un estricto sabatario de Gadara, me encontré, de pronto, confundido entre la suplicante multitud que se agolpaba en derredor de Jesús. Y, postrándome rostro en tierra, le imploré que viniera a imponer sus milagrosas manos sobre el moribundo cuerpo de mi pequeña hija.

"Vamos", me dijo. Mas, deteniendo su camino, sanó a una hemorroísa de su cruento azote. Aquella marginada mujer, que carecía de todo, menos de fe.

Y mientras el Dador de vida se desvivía por asistir a los muchos sufrientes, los voceros de la muerte no tardaron en angustiar mi alma: "Tu hija ha muerto, tu hija ha muerto".

Estaba yo a punto del desmayo, cuando, con voz calma, le oí decir: "No temas, cree solamente".

Entonces, echando fuera a los alborotadores y a los que con desconsuelo plañían, entre mofas e incredulidad, despertó a mi niña, que a causa de la muerte se había quedado dormida.

"LE DIJO JESÚS: YO SOY LA RESURRECCIÓN Y LA VIDA; EL QUE CREE EN MÍ, AUNQUE ESTÉ MUERTO, VIVIRÁ"
(JN 11:25).

46. BENIGNA MUERTE

Muerte, sé que algún día te veré; y cuando sienta tu cercanía, yo te daré la bienvenida, porque habrás llegado para liberar mi espíritu de esta misérrima prisión de barro que me encadena a este mundo.

Tu presencia ha de ser como la benéfica visita de una buena amiga en el último momento de mi corpórea existencia.

Y, venido el día, cuando mi Señor te envíe a por mí, mudarás tus luctuosas habituales vestiduras y has de presentarte a nuestro único encuentro en la forma de un hermoso serafín.

Porque, aunque eres el espanto de los irredentos, eres también una mensajera afable para toda alma que es amada por Jesús.

"ESTIMADA ES A LOS OJOS DE JEHOVÁ LA MUERTE DE SUS SANTOS" (SAL 116:15).

47. SENTIMIENTOS DE CULPA

Con su cruz a cuestas y por camino pedregoso fue llevado al matadero por razón de mis vilezas.

Las sentidas crónicas de un santo sacrificio han calado hondo en mi atribulada conciencia, y grande es mi pesar.

Se me ha hecho saber que el ternísimo Hijo de Dios hubo de ofrendar su cuerpo e inclinar su cabeza ante la atrevida muerte para que mi alma viva.

Y por eso, yo maldigo mi pecado. Maldigo los clavos que fijaron su desfalleciente humanidad al madero del tormento. Maldigo también al árbol que cedió su leñame al vil carpintero que moldeó su nefasta cruz. Mas no puedo imprecar a los nefarios que le traspasaron, pues, anteponiendo sus misericordias a la culpa infame, imploró al Padre porque los perdonara.

Yo he de seguir con mi cruz, camino al cielo, a ceñirme en las alturas la prometida corona de vida; porque al final de esta mi vía dolorosa ya no habrá para mí un Calvario esperándome para hacerme perecer.

"CUANDO HAYA PUESTO SU VIDA EN EXPIACIÓN POR EL PECADO... VERÁ EL FRUTO DE LA AFLICCIÓN DE SU ALMA, Y QUEDARÁ SATISFECHO" (IS 53:10-11).

48. JUDAS ISCARIOTE

¡Era uno de los doce!
Un jerosolimitano farisaico, un compañero de amistad fingida, una cizaña confundida con el trigo.
La escogencia de los discípulos de Cristo fue perfecta, porque era necesario que uno de ellos obrara con falsía.
El hombre a quien Jesús llamó amigo, aquel en quien confiaba el dinero para los pobres y el que de su pan comía, alzó contra Él su calcañar.
El dolor punzante del vipéreo beso que recibió en la mejilla fue sin duda más aflictivo que su vejatoria muerte en la cruz.
Porque más dañosa que la ponzoña del odio es la perfidia que hiere al amor.

"ENGAÑOSOS SON LOS BESOS DEL QUE ABORRECE"
(PROV 27:6 DHH).

49. VERDADERO PODER

Desde que Legión fuera arrojado a los puercos, mi cuerpo es un templo y mi mente, un campo de batalla.

Se libra en mi ser interior una recurrente guerra de espadas y dardos etéreos, de corazas, yelmos y escudos intangibles.

Las potestades del abismo, al mando del levantisco Belial, se han alzado en armas y eventualmente atacan al bastión donde mora el Valeroso Gestor de mi libertad. Y aunque bien pueden dirigir sus saetas contra mi sólida anatomía, el blanco principal de sus ofensivas es mi mente. Porque ellos prefieren herir el alma antes que afectar el cuerpo.

El genio impulsivo y turbulento de las huestes demoníacas es, sin duda, atemorizante en gran manera; pero ninguno puede contra mí.

Mi vulnerable humanidad es invencible estando uncida a la deidad de Jehová. Él es el comandante en jefe, y yo soy un soldado bajo su mando. Él ordena y yo obedezco; Él instruye y yo ejecuto; Él y yo, un tándem perfecto.

¡No me dejo arredrar! y no me inquietan las artimañas ni la cuantía de mi adversario, porque más son los que están conmigo que los que están con Él.

Jehová de los Ejércitos va delante de mí como poderoso gigante. Él protege la indefensión de mi alma y me ayuda a resistir en el día malo.

Pero a veces, cuando las fatigas de la lucha amainan mis fuerzas y el enemigo gana territorio, éste me ataca con quemantes venablos de lujuria, con flechas de codicia, con lanzas de soberbia, con viras de falsía.

— ¡Señor!, ¿qué hago?

o ¡El escudo de la fe! ¡Pronto, coge el escudo!

Y así, en cada batalla, Él va librando mi alma de las embestidas del maligno.

En Jehová, yo soy un guerrero con poder, y mientras esté con Él, ¡nadie puede resistirme!

"SI DIOS ES POR NOSOTROS, ¿QUIÉN CONTRA NOSOTROS?" (RO 8:31).

50. SALVADO EN LA HORA UNDÉCIMA

Amorosísimo Jesús:

Yo vine a ti en el umbrío atardecer de mi existencia, cuando la noche eterna ya me anuncia su cercanía, y las dolencias han empezado a despertar.

La tonante sonoridad de una incisiva prédica de tu santo Evangelio obró la salvación del alma de un necio de cabellos canos.

Es por ello que, si place a tu voluntad, no extiendas tus promesas más allá del tiempo que mi decaída humanidad pudiera soportar, porque la vida es breve y la hora de mis exequias se aproxima.

Mas si en cuerpo he de padecer a causa de tu nombre, me anima el saber que en el lecho de la muerte aquietarás mis dolores.

Siendo así, el día que tú decidas, retira de mí el soplo de vida, y dejaré de ser. Entonces, el que me buscare de mañana ya no me encontrará, porque yo seré del ayer. Con párpado pesado dormiré un poco de buena muerte, y en el curso de ese breve sueño, mi espíritu beatificado será elevado a lugar de arboladas tierras, de espaciosos y reposados prados; a lugar donde no hay árbol de vida ni fruto prohibido.

Y el día de luto se convertirá en día bueno, porque llenarás mi boca de risa y mis labios de júbilo cuando, en solemne ceremonia, ciñas mi testa con diadema de vida.

Tendré banquete y día de placer; exhalaré cantares de amor a tu majestad, porque fui objeto de tu amorosidad y simpatía; y porque habrás hecho del día de mi muerte el génesis de mi imperecedera vida.

"YO SOY LA LUZ DEL MUNDO; EL QUE ME SIGUE, NO ANDARÁ EN TINIEBLAS, SINO QUE TENDRÁ LA LUZ DE LA VIDA" (JN 8:12 RVC).

51. JESÚS Y EL POSEÍDO DE GADARA

El hombre de los sepulcros infundía espanto y repulsa.
Ni grillos, ni cadenas, ni flamígero Sol, ni nigérrima noche, detenían su perenne deambular.
¡Estaba poseso!
Y el eco siniestro de los dolientes ululatos que su alma cautiva exhalaba, espeluznaban los oídos de los vivientes, allá, en la otra ribera del Genesaret.
Fiera, espantosa, airada; cosa terrible a la vista era su parecer.
La vesania de los demonios que habían abducido su cuerpo, hacía que él lacerara su propia humanidad con cortante piedra.
Pero el día de su liberación había de llegar, y no gracias a las mercedes del imaginario azar, porque su salvación estaba predestinada.
¡Sí! A la potente voz del Gran Libertador, la legión de espíritus malignos había de ser echada a una piara de cerdos, y su cuerpo y alma debían quedar en libertad. Y fue así.
El encuentro con su Salvador no fue pues un acontecimiento adventicio. Fue el feliz desenlace de un perfecto plan de redención ejecutado a cabalidad, por Jesús.

"ASI QUE, SI EL HIJO OS LIBERTARE, SERÉIS VERDADERAMENTE LIBRES" (JN 8:36).

SEGUNDA PARTE:
VERSO

52. DON DIVINO

Hurgando entre la polvorienta trastería de mi alma **sosa**,
encontré un tesoro que sabe a **prosa**.
Es un viejo cofre que contiene letras de gran **valor**,
que, cuando las articulo en armonía, cobran vida y me hablan
de **amor**.
Me dicen que son el talento que el Altísimo me **encargó**
para el rescate de aquellos que con su sangre **pagó**.
Muy bien podría yo escribir a la **vanidad**,
pero debo usar el don en favor de la **santidad**.
Porque el Muriente, desde su **cruz**,
me proyectó vívida **luz**.
Y porque el fiel Salvador soportó por mí ese grande **dolor**,
yo he de honrarle con obediencia y **loor**.

"BIEN, BUEN SIERVO Y FIEL; SOBRE POCO HAS SIDO
FIEL, SOBRE MUCHO TE PODRÉ" (MAT 25:23).

53. ¿SERÉ YO, MAESTRO?

En la asamblea de **Jehová**,
no es salvo todo aquel que a ella **va**.
Porque, sin lugar a **dudas**,
siempre ha de haber algún **Judas**,
dispuesto a traicionar a mi **Señor**
con un beso **engañador**.

"Y EL SEÑOR LO CASTIGARÁ DURAMENTE,
Y PONDRÁ SU PARTE CON LOS HIPÓCRITAS;
ALLÍ SERÁ EL LLORO Y EL CRUJIR DE DIENTES"
(MAT 24:51).

54. DESPERTAR

Soy pámpano que no lleva fruto, y **muero**.
Se me ha dicho que seré quitado, y **desespero**.
Debo pronto fructificar el célico **talento**,
para tener a mi Dios complacido y **contento**.
Porque mi don me viene del **cielo**,
debo usarlo con seráfico **celo**.
No sea que, siendo infecundo en la fe que **sostengo**,
sea despojado aún de lo que no **tengo**.
Mas cuando tome mi recompensa de manos del Mesías de
Belén,
yo exclamaré un sonoro **amén**.

"HE AQUÍ YO VENGO PRONTO, Y MI GALARDÓN
CONMIGO, PARA RECOMPENSAR A CADA UNO
SEGÚN SEA SU OBRA (AP 22:12)".

55. ELECCIÓN DE VIDA

El Evangelio es como el aire primaveral que abanica las
flores.
Su divina esencia aromatiza mi alma con fragantes **olores**.
Si no gozas de sus salvíficos **favores**,
bien harías en sentir fundados **temores**.
Deja ya la usanza de los **transgresores**,
y únete hoy al grupo de **adoradores**.
Pues el mismo Dios que habla de eternos **amores**,
habla también de un sinfín de **dolores**.

"EL QUE TIENE OÍDOS PARA OÍR, QUE OIGA"
(MAT 13:9).

56. SANTA PRETENSIÓN

Si se me confiriera poder **divino**,
no convertiría el agua en **vino**.
Yo, más bien, cambiaría este cuerpo de grises **dolores**,
por uno sano y de magníficos **colores**.
Mas si expusiera al bíblico ejemplar que traigo en **mente**,
de seguro dirían que estoy **demente**.
Aunque la ilusión que me **toca**
no es del todo **loca**.
Porque si pudiera mudar de **parecer**,
a imagen y semejanza de mi Señor habría de **ser**.
La idea es, de **hecho**,
que si Cristo se viera en mí, quedara plenamente **satisfecho**.

"YA NO VIVO YO, MAS CRISTO VIVE EN MÍ" (GÁL 2:20).

BREVE EXPLICACIÓN SOBRE "SIETE DE OCTUBRE, SÁBADO NEGRO"

El texto que sigue a continuación, titulado **"SIETE DE OCTUBRE, SÁBADO NEGRO"**, narra un evento impactante y trágico de violencia y terror. El 7 de octubre de 2023 marcó el día más doloroso en los 75 años de historia de Israel, con la mayor cantidad de judíos asesinados en un solo día desde el Holocausto, a manos del grupo terrorista Hamás. La escena se describe con detalles escalofriantes de destrucción y caos, se trata de un ataque repentino perpetrado por individuos descritos como monstruos ávidos de sangre donde la comunidad es sorprendida y aterrorizada, con pérdidas devastadoras de vidas inocentes que evocan tragedias históricas.

El autor emplea un lenguaje poético y dramático para transmitir la intensidad y el horror de estos eventos, haciendo referencia a elementos simbólicos y religiosos que subrayan el impacto emocional y espiritual de la tragedia.

Ilustración representativa del trágico suceso
"Siete de octubre, sábado negro".

Imagen verídica del fatídico día
"Siete de octubre, sábado negro".

SIETE DE OCTUBRE, SÁBADO NEGRO

De pronto se oyó el fúnebre ulular de las sirenas de guerra. Y traían, en su tétrico sonar, el aterrador anuncio de que la siniestra dama de la guadaña salió de cacería y acechaba en las sombras. El momento era apremiante. La bestia enjuta del infierno andaba suelta en tierra de Sión.

¡Oh!, sábado fatal que no acababas de nacer. Monstruos ávidos de sangre con apariencia de hombre irrumpieron en tu serena paz, y la guardia, que por desdicha no velaba con celo, fue herida de muerte.

Llegaron a una desde la frontera: unos montados en extrañas aves malignas, otros en diabólicos rodados, y también el mar encubridor les cedió el paso a algunos de ellos.

Minutos antes de la escabechina, el pueblo aún dormía, excepto los que adoraban a la ventruda imagen oriental. Tan repentino asalto provocó que la desconcertada gente huyera despavorida a cuanto refugio pudiera encontrar. Clamores de auxilio y lastimeros ayes de dolor se oían por doquier en los vecindarios agropecuarios aledaños a "Filistea". El intimidante vocerío del atacante impío, unido al estridente sonido de las alarmas y de las balas disparadas a mansalva, evocaban con crudo realismo los días negros del holocausto.

No obstante, esta vez la sevicia fue mayor. Pues violentaron casas, dejando como resultado adultos y críos decapitados, hombres y mujeres desmembrados, quemados, asfixiados, y aquellos acribillados por munición. Variadas modalidades de ejecución que develan el macabro ingenio del ejecutor.

Y así, el bebé, el joven, el canoso y el soldado desprevenido fueron, indistintamente, carne del verdugo. Pero el carácter sanguinario de estos engendros del demonio hizo que, después de la primera masacre, enrumbaran hacia las ciudades cercanas, sembrando a su paso más muerte y desolación.

La disposición de los muchos autos desperdigados a lo largo de varias vías daba claras muestras de que sus aterrados conductores operaron maniobras repentinas en un desesperado intento por esquivar el proyectil que les cegaría la existencia. Desventurado también el ciclista que yacía sin vida a un lado de la pista, junto a su bicicleta tintada de rojo. Esta misma suerte recayó sobre aquel deportista que, en esa umbrosa mañana, salió a trotar y que, de un momento a otro, estaba tumbado sobre su sangre.

Cuando las fuerzas de defensa por fin empezaron a reaccionar, el enemigo ya había invadido algunas ciudades. Pero una parte de ellos regresó a la tierra de Dagón, llevando consigo bienes y rehenes de toda edad.

¡Oh, hijos de Israel!, ¿no ha de suponerse una afrenta a Jehová el reemplazar su fiesta solemne de las Cabañas por una fiesta pagana? ¿No había de inflamarse su ira santa al ver a su pueblo honrando y dando culto a las criaturas antes que al Creador? Dios castiga al que ama, y lo que le pasó al poderoso ejército israelí frente al minúsculo Hamás es una muestra de que la fortaleza de Israel no está en sus armas, sino en la misericordia y paciencia de Dios, que aparentemente hoy mostró su indignación y usó al terrorista islámico para advertencia de lo que podría sucederle si persiste en ignorarlo.

Mas no desechará Dios a su pueblo, al cual desde antes conoció. Los hebreos llevan en sus genes la experiencia de innumerables guerras, y situaciones como éstas hacen que vuelvan los ojos al Altísimo y así recobren el ánimo suficiente para salir en busca de los enviados de la muerte, que ahora están escondidos en sus túneles, tal cual ratas de albañal. Y seguramente pedirán al mundo que los detenga. Pero eso no sucederá. Porque después de los sangrantes videos que exhibieron, el mundo acaba de saber quiénes son.

Ya están sobre ellos, con actitud de fiera provocada, y tiemblan con razón, porque están cayendo. Pero para ellos, la fatalidad acaba de empezar.

¡Vamos, Israel! Tienes autorización divina para vindicar tus muertes y la obligación moral de regresar los cautivos a casa.

Roberto Rengifo Levy

GLOSARIO DE TÉRMINOS

A

ABDUCIR: Secuestrar, raptar.

ABOLENGO: Estirpe, ascendencia, linaje.

ABREVAR: Dar de beber a alguien.

ABSTRACTO/A: Dicho de algo que existe, pero no de forma material. Que no tiene una existencia física. Intangible.

ABYECTO/A: Despreciable, vil en extremo.

A CABALIDAD: De manera excelente.

ACIAGO/A: Fatídico, triste, desdichado.

ACUCIANTE: Apremiante, urgente.

A CUESTAS: Sobre los hombros o las espaldas.

ACUSAR: Reflejar, evidenciar, mostrar.

ADALID: Caudillo, líder, guía.

ADAR: Nombre de un mes en el calendario judío.

ADORMIR: Adormecer.

ADVENTICIO/A: Casual, accidental, fortuito.

A EFECTOS DE: Con el objeto o con la finalidad de.

AFABLE: Agradable, dulce, suave en la conversación y el trato. Amable.

AGOLPAR: Dicho de un gran número de personas que se juntan de golpe en un lugar.

AJENJO: Es una planta medicinal de sabor sumamente amargo, de la cual se prepara un purgante antiparasitario.

ALBAÑAL: Alcantarilla, cloaca.

ALBERGUE: Dar albergue u hospedaje a alguien. Alojar, aposentar.

ALBOROZO: Grande regocijo o alegría.

ALEGRANZA: Alegría, gozo.

ALMARIO: Lugar donde reside el alma.

ALTIVEZ: Soberbia, arrogancia, petulancia.

ALZARSE EN ARMAS: Sublevarse o revelarse contra un régimen utilizando armas.

AMAINAR: Aflojar, perder ímpetu.

A MANSALVA: Disparar en abundancia e indiscriminadamente.

AMANUENSE: Persona que copia o pone en limpio escritos ajenos, o escribe lo que se le dicta. Escriba.

AMICÍSIMO/A: Superlativo de amigo. Muy amigo.

ANATOMÍA: Referente al cuerpo y sus órganos.

ÁNIMA: Alma.

ANODINO/A: Insignificante, insustancial, común, trivial.

ANTAÑO: En un tiempo pasado.

AÑEJO/A: Que tiene mucho tiempo de existencia. Antiguo, añoso, viejo.

APACENTAR: Dar pasto a los ganados. Pastorear, pastar, pacer.

APELAR: Recurrir a alguien o algo en cuya autoridad, criterio o predisposición se confía para dirimir, resolver o favorecer una cuestión.

APOLIÓN: Ángel del abismo.

ARCANO/A: Muy escondido, reservado y oculto. Recóndito, secreto.

ARGENTADO/A: Plateado, de plata.

ARGUCIA: Artimaña, engaño, trampa.

AROMADO/A: Perfumado.

ARREDRAR: Intimidar, atemorizar, amedrentar.

ARRESTO: Ánimo, brío, ímpetu.

ARROBADOR/A: Fascinante, cautivador, seductor.

ARROGAR: Atribuir.

HARTAZGO: Acción y efecto de hartar. Hastío, tedio.

ARTÍFICE: Artista, virtuoso.

ATRIBULADO/A: Entristecido, apenado, acongojado, angustiado, mortificado.

ASEDIAR: Presionar sistemáticamente a alguien. Hostigar, acosar.

ASESTAR: Descargar contra algo o alguien un proyectil, un golpe de un arma o de un objeto semejante. "Asestar un tiro, una puñalada, una pedrada, un puñetazo".

ASIDO/A: Del verbo asir. Agarrado, sujetado, cogido.

ATAVÍO: Vestimenta, ropa, vestidura.

ATERCIOPELADO/A: De finura y suavidad comparables a las del terciopelo.

ATÍPICO/A: Diferente, extraño, raro.

AUTODIDACTA: Que se instruye por sí mismo.

AVENTAJADO/A: Que aventaja a lo ordinario o común en su línea.

AVERNAL: Del averno.

AVERNO: Infierno.

ÁVIDO/A: Que anhela con vehemencia.

AYES: Lamentos, quejidos.

B

BÁLSAMO DE GALAAD: Especia o ungüento aromático, mencionado en la Biblia, que se usaba para curar heridas, y que se hacía de un arbusto que crecía en Galaad.

BÁRATRO: Infierno.

BASTIÓN: Fortificación, fortaleza.

BELIAL: Poderoso demonio y príncipe del infierno.

BENIGNO/A: Afectuoso, amable, bondadoso.

BENJAMÍN/A: Hijo menor.

BESTIA ENJUTA DEL INFIERNO: Alegoría que alude a la muerte.

BETLEMITA: Natural de Belén.

BIENAMADO/A: Muy querido.

BLANDIR: Empuñar un arma moviéndola de un lado a otro.

C

CABIZBAJO: Que tiene la cabeza gacha por abatimiento, tristeza o preocupaciones graves.

CADUCIDAD: Término, extinción.

CAER DE HINOJOS: Caer de rodillas.

CALAR: Entrarse, introducirse, meterse.

CALCAÑAR: Parte posterior de la planta del pie. Talón.

CANDIDEZ: Inocencia, ingenuidad.

CANTAUTOR: Autor de las composiciones que la persona misma interpreta.

CANTOS DE SIRENA: Expresión que se utiliza para designar un argumento construido con palabras agradables y convincentes, con la intención de seducir o engañar.

CARENTE: Que carece de algo. Desprovisto, privado.

CARIZ: Aspecto, matiz.

CAUTO/A: Prudente.

CAVILAR: Reflexionar.

CÉLICO: Celestial.

CERVANTES: Miguel de Cervantes Saavedra. Novelista y poeta.

COMANDANTE EN JEFE: Máximo grado militar.

COMPILACIÓN: Recopilación.

COMPUNCIÓN: Sentimiento o dolor de haber cometido un pecado. Arrepentimiento.

CONCERNIR: Interesar, atañer, respectar, relacionarse

CONDESCENDER: Aceptar, tolerar, someterse de manera voluntaria.

CONDESCENDIENTE: Pronto, dispuesto a condescender.

CONFERIR: Dar, otorgar.

CONGÉNERE: Del mismo género, de un mismo origen. Semejante.

CONGRACIARSE: Conseguir la benevolencia o el afecto de alguien. Ganarse la voluntad de alguien.

CONMISERACIÓN: Misericordia.

CONNUBIO: Nupcias, boda, matrimonio.

CONTENTURA: Alegría, gozo.

CONTRITO/A: Arrepentido, compungido, afligido.

COPIOSO/A: Abundante.

COPLA: Composición poética.

CORPÓREO/A: Que tiene cuerpo.

CORTESANO/A: Persona que sirve al rey o vive en su corte.

CRÁPULA: Persona de vida desordenada o licenciosa. Vicioso, libertino.

CRASO/A: Grave, imperdonable, indisculpable, garrafal.

CRÍO/A: Niño, especialmente el de corta edad. Criatura, nene.

CRUCIFIXOR: Hombre que crucifica.

CRUENTO/A: Sangriento, sanguinario.

CUANTÍA: Cantidad. Porción de magnitud.

D

DAGÓN: Dios de los filisteos.

DAMA DE LA GUADAÑA: Metáfora que sugiere el aspecto imaginario de la muerte.

DAÑOSO/A: Que daña.

DAVÍDICO/A: Perteneciente o relativo a David, rey de Israel, o a su poesía y estilo.

DECADENTE: Que decae o se deteriora.

DEICIDA: Que da muerte a Dios. Referido especialmente a la de Jesucristo.

DEIDAD: Divinidad. Esencia divina.

DELIRANTE: Que delira o alucina.

DEPONER: Dejar algo a un lado.

DE PUÑO Y LETRA: Que está escrito a mano por la persona que lo firma.

DEPURATIVO/A: Dicho de un medicamento que purifica el organismo, principalmente la sangre. Purificador, purgante.

DESENFRENAR: Actuar sin freno ni medida.

DESENLACE: Final de una acción o de un suceso. Fin, final, conclusión.

DESPILFARRAR: Malgastar.

DESTILAR: En sentido figurado: Algo que se desprende o que brota. "El amor destila miel".

DETENTAR: Tener, poseer, ser titular de algún bien o derecho.

DETRACTOR/A: Adversario, que se opone a una opinión descalificándola.

DESVALIDO/A: Desamparado, privado de ayuda y socorro.

DEVOTO/A: Piadoso, pío.

DILETANTE: Conocedor de las artes o aficionado a ellas.

DISCERNIR: Distinguir, diferenciar.

DISPERSIÓN: Diáspora judía.

DISPONER: Colocar, poner algo en orden y situación conveniente. Acondicionar.

DISPUESTO/A: Que tiene la disposición de ánimo necesaria para algo.

E

EL BENJAMÍN DE ISAÍ: El rey David.

ELOCUENCIA: Facultad de hablar o escribir de modo eficaz para deleitar, conmover o persuadir.

EMANAR: Proceder, provenir, derivar.

EMBEBER: Absorber, empapar.

EMBELESAR: Cautivar los sentidos.

EMBESTIDA: Ataque, choque, arremetida, embate.

EMPÍREO: Nombre dado al paraíso celestial.

ENCANDILAR: Deslumbrar o impresionar a alguien muy grata o profundamente.

ENCOMIO: Elogio.

ENCONO: Rencor, odio, resentimiento.

ENJUTO/A: Delgado, seco o de pocas carnes.

EN POS: En busca.

ENTE: Ser, entidad.

ERRABUNDO/A: Errático, errante.

ESCABECHINA: Matanza de mucha gente, especialmente de aquellos que no pueden defenderse.

ESCOGENCIA: Elección.

ESCRITURÍSTICO/A: Escritural, bíblico.

ESPETAR: Decir a alguien de palabra o por escrito algo, causándole sorpresa o molestia.

ESPLÉNDIDO/A: Magnífico, ostentoso.

ESTENTÓREO/A: Dicho de la voz o del acento muy fuerte, ruidoso o retumbante.

ESTERCOLERO: Lugar donde se recoge o vierte el estiércol.

ESTIRPE: Raza.

ESTOCADA: Golpe que se tira de punta con la espada o el estoque. Pinchazo, punzada.

ESTORBOSO/A: Que estorba o molesta.

ETÉREO/A: Perteneciente o relativo al cielo.

EUFÓNICO/A: Que suena suave y dulcemente. Melodioso, armonioso.

EXENTO/A: Libre de algo.

EXEQUIAS: Honras fúnebres, funeral.

EXCELSITUD: Magnificencia, excelencia.

EXIGUO/A: Escaso, insuficiente.

EXIMIO/A: Muy ilustre. Excelso.

EXPECTANTE: Atento, vigilante, deseoso.

EXPONER: Descubrir, desnudar, exhibir.

EXQUISITEZ: Cualidad de exquisito. Que es muy delicioso. Suculento.

EXTRAÑAS AVES MALIGNAS: Figura retórica que se refiere a los parapentes motorizados.

F

FARISAICO/A: Hipócrita.

FALSARIO/A: Falseador, tramposo, falsificador.

FALSÍA: Falsedad, deslealtad, traición.

FASTO/A: Lujoso, magnificente, suntuoso, fausto.

FELÓN/A: Desleal, traidor.

FÉRVIDO/A: Ardoroso, ferviente, fervoroso.

FIAR: Confiar.

FIGURAR: Imaginar, pensar.

FILISTEA: Antigua región a la que pertenecía Gaza.

FINITO/A: Que tiene fin.

FLAMÍGERO: Que arroja o despide llamas. Llameante, refulgente, abrasador.

FRANCACHELA: Reunión de varias personas para regalarse y divertirse comiendo y bebiendo descomedidamente.

FRONDA: Conjunto de hojas o ramas que forman espesura.

FRONTISPICIO: Carátula, portada.

FULGENTE: Brillante, resplandeciente.

FUNESTO/A: Fatal, desastroso, nefasto.

G

GADARA: En el Nuevo Testamento, tierra de los gadarenos al otro lado del mar de Galilea, frente a Tiberias.

GALA: Elegancia.

GEN: La parte de un ser vivo que transporta información genética.

GENESARET: Lago o mar de Galilea.

GÉNESIS: Principio.

GENIO: Temperamento.

GENUINO/A: Auténtico, verdadero.

GESTOR/A: Que genera, gestiona o lleva a cabo algo.

GRAFEMA: Letra.

GRANDILOCUENTE: Que habla o escribe con grandilocuencia o pomposidad.

GRAVE: Dicho de una cosa que pesa. Importante, trascendental.

GRAVOSO/A: Que molesta o incomoda. Pesado.

GREY: Rebaño.

H

HABITÁCULO: Recinto o espacio de pequeñas dimensiones.

HALAR: Jalar, tirar.

HÁLITO: Aliento, respiración.

HARÉN: Entre los musulmanes, conjunto de todas las mujeres que viven bajo la dependencia de un jefe de familia.

HARTAZGO: Acción y efecto de hartar.

HASTÍO: Disgusto, fastidio, cansancio.

HEMORROISA: Mujer que padece flujo de sangre.

HOGUERA DE SMITHFIELD DEL INFRAMUNDO: Alegoría alusiva al infierno.

HOMBRE NATURAL: Hombre pecador.

HOMILÍA: Prédica, sermón.

HUESTE: Ejército, tropa.

HURGAR: Revolver cosas en el interior de algo. Escarbar.

I

IDÍLICO: Romántico.

IMPELER: Impulsar.

IMPENITENCIA: Obstinación en el pecado, dureza de corazón para arrepentirse de él.

IMPERAR: Dominar, someter, mandar.

IMPOLUTO/A: Limpio, sin mancha. Inmaculado.

IMPRECAR: Proferir palabras con que se expresa el vivo deseo de que alguien sufra un daño. Maldecir.

IMPUTAR: Acusar, Atribuir.

INCASTO/A: Que no es casto. Impuro.

INCAUTO/A: Que no tiene cautela. Imprudente.

INCISIVO/A: Penetrante, agudo, afilado.

INCORPORAR: Levantarse, erguirse, ponerse de pie.

INDECIBLE: Que no se puede decir o explicar.

INDEFENSIÓN: Falta de defensa. Desamparo, desvalimiento, vulnerabilidad.

INDIGENCIA: Miseria, pobreza.

INDOLENTE: Que no se afecta o conmueve.

INDUCIR: Persuadir.

INERTE: Inmóvil, paralizado.

INEXTINGUIBLE: Que no se extingue o acaba. Eterno.

INFECUNDO: Estéril.

INFRACTOR/A: Que quebranta una ley o un precepto. Transgresor.

INFRAMUNDO: Mundo de los muertos y de los espíritus.

INSEPULTO/A: Dicho de un cadáver no sepultado aún.

INSUFLAR: Soplar, inflar.

INTANGIBLE: Que no se puede tocar o percibir con los sentidos.

INTREPIDEZ: Valentía, valor, coraje.

IRREDENTO/A: Incorregible, impenitente.

IRRESOLUTO: Indeciso, dudoso, vacilante.

IRREMISIBLE: Imperdonable.

IRRUMPIR: Entrar violentamente en un lugar.

ISAÍ: Padre del rey David.

J

JACULATORIA: Oración breve y fervorosa.

JEROSOLIMITANO/A: Natural de Jerusalén.

JIBARIZAR: Empequeñecer, reducir.

JOB: Nombre bíblico usado aquí, en alusión a la gente rica.

K

KIBUTZ: Asentamiento en el que se vive de manera colectiva y se comparten los medios de producción y las riquezas.

L

LACERAR: Lastimar, herir.

LAODICEA: Una de las siete iglesias del Apocalipsis.

LÁUDANO: Preparado farmacéutico hecho con opio, vino blanco y azafrán, y usado como calmante.

LEGIÓN: Nombre de una multitud de demonios mencionados en la Biblia.

LEÑAME: Parte sólida de los árboles. Madera, palo.

LEVANTISCO/A: Rebelde, insurrecto, subversivo.

LEVITA: Israelita de la tribu de Leví, dedicado al servicio del templo.

LEYENTE: Que lee. Lector.

LICENCIOSO/A: Libertino, impúdico, lujurioso.

LINAJE: Raza, estirpe.

LINIMENTO: Producto medicinal.

LIRA: Instrumento musical.

LIRÓFORO/A: Poeta.

LISONJA: Halago o adulación, a menudo sin sinceridad, para obtener de alguien beneficios propios.

LITERATO/A: Persona que se dedica a la literatura. Escritor.

LOA: Alabanza, loor.

LO SUMO: Lo más importante.

LUCTUOSO/A: Fúnebre, funesto, lúgubre.

M

MAGNÁNIMO/A: Bondadoso, generoso, noble.

MAGNIFICENCIA: Esplendidez.

MANIDO/A: Muy usado, común.

MAJESTUOSO/A: Regio, real, señorial.

MEDULOSO: Sustancioso.

MELIFLUO/A: Que tiene miel o es parecido a ella en sus propiedades.

MELQUISEDEC: Fue rey de Salem y sacerdote del Dios Altísimo, mencionado por primera vez en el capítulo 14 del libro del Génesis.

MENDICANTE: Que mendiga.

MENGUAR: Disminuir, aminorar.

MERCED: Favor, dádiva, gracia.

MERO/A: Puro, simple y que no tiene mezcla de otra cosa.

MESOCRÁTICO/A: De clase media.

MILICIA: Ejército, tropa.

MISÉRRIMO/A: Muy miserable.

MOFA: Burla.

MORTAJA: Vestidura, sábana u otra cosa en que se envuelve el cadáver para el sepulcro. Sudario.

MUDAR: Cambiar.

MUNDANO: Frívolo, vano, mundanal.

MUNIFICENCIA: Generosidad espléndida.

MUTISMO: Silencio, mudez.

N

NAZAREO: Varón separado y consagrado a Dios.

NEFARIO: Sumamente malvado, impío e indigno del trato humano.

NIGÉRRIMO/A: Muy negro. Negrísimo.

NIMIO: Insignificante. Sin importancia.

NOTORIEDAD: Fama, celebridad, nombradía.

NUTRIMENTO: Nutriente.

O

ODA: Composición lírica.

ODORANTE: Oloroso, Fragante.

ODORÍFERO: Que huele bien, que tiene buen olor o fragancia. Aromático.

ONÍRICO/A: Perteneciente o relativo a los sueños.

OPERAR: Obrar, trabajar.

OPIÁCEO/A: Perteneciente o relativo al opio.

OPROBIO: Deshonra, deshonor, vergüenza.

OPÚSCULO: Obra científica o literaria de poca extensión.

ÓSCULO: Beso.

OTRORA: En otro tiempo, en un tiempo pasado.

P

PALADEAR: Saborear, degustar.

PALPAR: Tocar con las manos una cosa para percibirla o reconocerla por el sentido del tacto.

PÁMPANO: Brote tierno de la vid.

PARÁCLITO: El Espíritu Santo.

PARCA: Muerte.

PAROXISMO: Exaltación extrema de los afectos y pasiones.

PECULIAR: Único, particular, propio.

PENITENTE: Arrepentido.

PERENNE: Que no tiene intermisión. Continuo, incesante.

PERFIDIA: Quebrantamiento de la fe debida. Deslealtad, traición.

PERVERTIR: Corromper, viciar.

PESAROSO/A: Penoso, sufrido.

PIARA: Manada.

PÍRRICO/A: Dicho de un triunfo o de una victoria obtenida con más daño para el vencedor que para el vencido.

PITANZA; Ración de comida que se distribuye a quienes viven en comunidad.

PLAÑIR: Llorar clamorosamente.

POCIÓN: Líquido compuesto que se bebe, especialmente el medicinal.

POETZAR: Embellecer algo dándole carácter poético.

PONZOÑA: Veneno.

POR DOQUIER: En todo lugar.

PORFIADO/A: Dicho de una persona terca y obstinada en su dictamen y parecer.

POR VENTURA: A lo mejor, acaso.

POSESO/A: Persona poseída por un espíritu. Poseído.

POTENTADO/A: Millonario, pudiente, rico.

PRECES: Plegarias.

PREGONAR: Promulgación o anuncio que se hace a viva voz.

PRESEA: Premio, trofeo, galardón.

PRESTO/A: Pronto, diligente, ligero en la ejecución de algo. Veloz, rápido.

PRESUNCIÓN: Acción y efecto de presumir.

PRÍSTINO/A: Originario, primero, primitivo.

PROCELOSO/A: Borrascoso, tormentoso, tempestuoso.

PROSA: Forma de expresión poética, no sujeta a las reglas del verso.

PULQUÉRRIMO: Superlativo de pulcro. Muy limpio o aseado. Pulcrísimo.

PUNZANTE: Que punza. Doloroso.

Q

QUERIT: Arroyo en el cual se escondió Elías por orden de Jehová.

QUERUBE: Querubín.

R

RAUDO/A: Presuroso, rápido.

RECINTO: Habitación, estancia, aposento.

RECONSTITUYENTE: Reparador, reconfortante, tonificante, reanimador.

RECURRENTE: Que después de un intervalo vuelve a ocurrir o aparecer. Repetitivo.

RENUENTE: Que se opone a una acción o decisión en espíritu. Reacio, remiso, reticente.

REPULSA: Condena enérgica de algo malo. Rechazo, repudio.

RETÓRICA: Disciplina teórica aplicada sobre la capacidad de convencer con el uso de la palabra.

RODADO: Vehículo de rueda.

ROMANCERO/A: Persona que canta romances. Romántico.

RÚBRICA: Firma.

RUDIMENTARIO: Básico, elemental, primitivo.

S

SABATARIO/A: Judío que guarda el sábado conforme a su religión.

SACRO/A: Sagrado, santo.

SALMO: Composición o cántico de alabanza o invocación a Dios.

SALVÍFICO/A: Relativo a la salvación. Que puede traer la salvación.

SANATIVO/A: Que sana o tiene virtud de sanar.

SARAO: Reunión nocturna de personas de distinción para divertirse con baile o música.

SÁXEO/A: De piedra.

SEDATIVO/A: Que tiene virtud de calmar o sosegar los dolores o la excitación nerviosa. Relajante.

SERÁFICO: Perteneciente o relativo a los serafines.

SERPIENTE ANTIGUA: Diablo.

SEVICIA: Crueldad excesiva.

SHABAT: Sábado.

SIGILO: Cautela, discreción, prudencia.

SILENTE: Que se mantiene en silencio. Silencioso.

SIMONÍA: Compra o venta deliberada de cosas espirituales, como los sacramentos y sacramentales, o temporales inseparablemente anejas a las espirituales, como las prebendas y beneficios eclesiásticos.

SION: Término usado en referencia a Israel.

SÍSIFO: Personaje de la mitología griega que fue condenado a empujar una piedra cuesta arriba por una montaña, pero antes de llegar a la cima, volvía a rodar hacia abajo, hecho que se repetía una y otra vez.

SMITHFIELD: Barrio de la ciudad de Londres donde, en el siglo dieciséis, se quemaban en la hoguera a los cristianos.

SONETO: Composición poética.

SOPORÍFERO/A: Que induce al sueño.

SÓRDIDO/A: Indecente, ruin.

SOSO/A: Que carece de gracia y viveza. Insípido.

SÚBITO/A: Repentino, improvisto.

SUBSISTENCIA: Existencia, vida.

SUCUMBIR: Rendirse o ceder ante una presión o tentación, dejando de oponer resistencia.

SUCULENCIA: Calidad de suculento. Que es muy sabroso y nutritivo.

SUNTUOSO/A: Espléndido, magnífico.

SUSTANTIVO/A: Importante, sustancial, fundamental.

T

TÁNATOS: Nombre de la muerte en la mitología griega.

TÁNDEM: Conjunto de dos personas que tienen una actividad común, o que colaboran en algo.

TARDO/A: Lento, torpe.

TEMPLANZA: Moderación, calma, sobriedad.

TENDER: Propender o inclinarse a hacer, pensar o sentir algo.

TENUE: Ligero, delicado, débil.

TERNÍSIMO/A: Muy tierno. Tiernísimo.

TESTA: Cabeza.

TESTADOR: Persona que hace testamento.

TIERRA DE DAGÓN: Gaza.

TONANTE: Que truena. Atronador, estruendoso, retumbante.

TÓRPIDO/A: Que reacciona con dificultad o torpeza.

TÓRRIDO/A: Ardiente, encendido.

TRANSGRESOR: Desobediente, pecador.

TRANSIGIR: Pactar, negociar, convenir.

TRANSMUTAR: Mudar o convertir algo en otra cosa. Convertir, transformar.

TRASCENDER: Estar o ir más allá de algo. sobrepasar, superar, exceder.

TRASTERÍA: Montón de trastos viejos.

TRASTO: Cosa inútil, estropeada, vieja o que estorba.

TREMULANTE: Tembloroso.

TURBULENTO/A: Revuelto, agitado, intranquilo.

U

UFANO/A: Arrogante, presuntuoso, engreído.

ULULAR: Sonido estridente que emiten las ambulancias o los carros policiales cuando asisten a una situación de emergencia.

ULULATO: Clamor, lamento, alarido.

UNBRÍO/A: Dicho de un lugar donde da poco el sol. Sombrío.

UMBROSO/A: Sombrío.

UNCIDO/A: Unido, ligado, atado.

UNDOSO/A: Que ondula. Que forma olas cuando se mueve. Ondulante.

URGIDO/A: Persona que necesita algo con urgencia.

USANZA: Costumbre.

V

VACUO: Vacío, vano.

VECINDARIOS AGROPECUARIOS: Kibutz.

VEJATORIO/A: Ofensivo, humillante, ultrajante.

VENABLO: Dardo o lanza corta y arrojadiza.

VENTRUDA IMAGEN ORIENTAL: Buda.

VENTRUDO/A: De barriga prominente. Barrigudo.

VENTUROSO/A: Dichoso, feliz, afortunado.

VERSAR: Referirse a un asunto determinado. Hablar, aludir.

VESTIGIO: Ruina, señal o resto que queda de algo material o inmaterial.

VESANIA: Demencia, locura, furia.

VIANDA: Alimento, comida.

VILEZA: Cualidad de vil. Maldad, mezquindad, indecencia, abyección.

VINDICAR: Vengar.

VIPÉREO/A: Perteneciente o relativo a la víbora.

VIRA: Especie de flecha delgada y de punta muy aguda.

VIRGINAL: Puro, casto, virgíneo.

VIRTUOSO/A: Habilidoso.

VOLCAR: Dirigir, verter, derramar.

Y

YASER: Dicho de una persona o de una cosa: Existir o estar real o figuradamente en algún lugar.

YERRO: Error.